내

남자의

그 여자

내 남자의 그 여자

2013년 5월 8일 초판 1쇄 발행
지은이 · 김영아

펴낸이 · 박시형
책임편집 · 정현미, 이혜진 | 디자인 · 김애숙

경영총괄 · 이준혁
마케팅 · 장건태, 권금숙, 김석원, 김명래, 탁수정
경영지원 · 김상현, 이연정, 이윤하
펴낸곳 · (주)쌤앤파커스 | 출판신고 · 2006년 9월 25일 제406-2012-000063호
주소 · 경기도 파주시 회동길 174 파주출판도시
전화 · 031-960-4800 | 팩스 · 031-960-4806 | 이메일 · info@smpk.kr

ⓒ 김영아 (저작권자와 맺은 특약에 따라 검인을 생략합니다)
ISBN 978-89-6570-142-2 (03810)

이 책은 저작권법에 따라 보호받는 저작물이므로 무단전재와 무단복제를 금지하며, 이 책 내용의 전부 또는 일부를 이용하려면 반드시 저작권자와 (주)쌤앤파커스의 서면동의를 받아야 합니다.

• 잘못된 책은 바꿔드립니다.   • 책값은 뒤표지에 있습니다.

> 쌤앤파커스(Sam&Parkers)는 독자 여러분의 책에 관한 아이디어와 원고 투고를 설레는 마음으로 기다리고 있습니다. 책으로 엮기를 원하는 아이디어가 있으신 분은 이메일 book@smpk.kr로 간단한 개요와 취지, 연락처 등을 보내주세요. 머뭇거리지 말고 문을 두드리세요. 길이 열립니다.

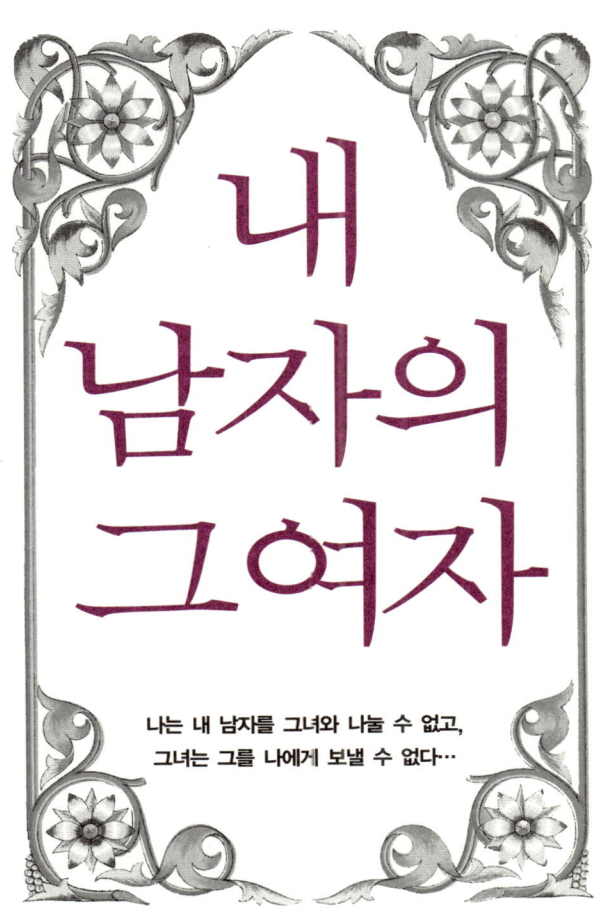

내 남자의 그여자

나는 내 남자를 그녀와 나눌 수 없고,
그녀는 그를 나에게 보낼 수 없다…

치유심리학자 **김영아** 지음

Prologue

난
그에게
사기 당했다……

춘삼월이면 여기 저기 봄내음과 함께 결혼을 한다는 소식들이 들리고 괜시리 덩달아 분주한 내 마음에도 복사꽃이 피는 듯하다. 길을 걸으면서도, 음악을 들으면서도, 운전을 하면서도 봄의 짙은 내음은 살포시 안기어 사람의 마음을 무장해제 시킨다. 그렇게 봄은 소녀에게서 숙녀로 넘어가는 그 어느 지점에 풋풋한 한 자리를 마련해주어 잠시 봄볕을 마주하는 꿈이기도 하다. 이 계절은 유난히 결혼을 앞두고 나를 찾는 예비부부 상담이 느는 때이기도 하다.

"결혼 전에는 두 눈을 부릅뜨고 결혼 후에는 두 눈을 감는 게 맞아요."

두 아이를 키우며 무엇인가를 고민하고, 무엇인가를 결정하여야 할 때 유난히도 예민하게 살피고 계산했었던 나는 그렇게 결정하고 나면 재고의 여지없이 믿어버리는 습관을 유지하고 있다. 왜? 그만큼 신뢰할 수 있을 정도 심사숙고를 했기 때문이다. 내 인생의 몇 안 되는 참 잘하고 있다는 신념 중의 하나가 이 부분이다. 그러나 내가 이러한 신념을 갖게 된 것은 내 시행착오가 불러와 내 가슴에 진한 상처로 안겨 준 트라우마 때문이리라.

스물 셋에 결혼한 나는 나를 몰라도 너무 몰랐다.
물론 그 만큼이나 내 남자에 대하여도 무지했다.
서로 자라온 환경을 제대로 알고 그러면서 어떠한 가치관을 가지게 되었는지 알았더라면, 나아가 그 환경이 만들어준 성격의 일부분이 그 사람을 유순하게도 하고 분노하게도 한다는 사실까지도 제대로 알았더라면 좀 더 쉽게 각자 동화도 하고 때론 나를 기꺼이 조절도 해가며 적응하고 성장했을 거라는 안타까움이 있다. 그러나 그 때는 너무나 몰랐다. 이렇게 모르쇠로 일관하는 내 태도는 사실은 알려고 하지 않았다는 솔직한 답변의 회피인 비겁함임을 고백한다. 그러면서 나아가서는 '나는 사기를 당했다'고 생각하는 우를 범하고 있었다.

내 앞에 앉은 여리디 여린 두 내담자를 바라보며 스무 해 넘은 내 결혼인생이 파노라마처럼 펼쳐지는 가운데 참 개념 없었던 내가 서있음을 발견하리란 그리 어렵지 않다. 눈물을 빼며 '이 결혼은 안하는 게 맞지요?'를 확인 받고 싶어 하는 어린 신부는 고스란히 동일시된 나였다. 나도 저랬었나. 그래, 그랬었지.

"그러게 두 눈을 똑바로 뜨고 보라니까요. 몇 월 며칠에 결혼하는 게 중요하진 않은 듯해요. 지금이라도 서로를 조금 더 아는 객관적인 시간이 필요하지 않나 생각 되는데…… 어떠세요?"

이러한 권유는 상담의 구조상 반드시 던져야 할 구조화의 마땅한 부분이나 어쩌면 내 앞의 내담자에게가 아니라 내 자신에게 선포하는 대리적인 것이다.

"제발 그렇게 하셔야 해요. 왜냐하면요. 이렇게 선택하는 데는 반드시 엄청난 대가를 치러야 하거든요. 그 물리적 시간과 심리적 고통과 정서적 상처라는 어마어마한 대가를 말이죠."

나와 공간을 함께하고 시간을 공유하며 하나라 믿었던 신념의 확증인 듯 두 아이를 양육하면서 울고 웃었던 그 긴 시간들이 지난했다고 여기는 것은 비단 내 삶이 물질적으로 가난했고 팍팍했기 때문만은 아니다. 늘 내 옆에 있는데도 왠지 없는 듯함을 느끼게 하는 근원적 외로움과 더불어 너무나 확연히 보이는 문제들에 등을 돌리고 눈을 감아버리는 내 남자의 자아방어는 숨 막히는 고통을 안겨다주었다. 더군다나 그 자아방어기제가 불러오는 현재 삶에서 그의 타인과 맺는 관계양상은 때로 존재감을 잃게도 만들었다. 참 많이 아팠다.

그러나 상처가 꽃이 된다는 말이 있던가.

내 남자와 살면서 생긴 수많은 내 안의 상처가 어이없게도 꽃이 되는 경험을 상담의 상황에서 무수히 만나면서 과연 상처가 어떻게 꽃이 되는가를 말하고 싶어졌다. 갑자기 달라진 환경도 아니고 어느 날 180도 변한 내 남자가 아닐진대 이것이 어떻게 가능했을까를 말이다. 이 책은 그런 의미에서 독자층에 제한을 두기를 주저한다. 될 수 있으면 많은 이들에게 이 크고 깊은 비밀을 나누어주고 싶다.

우리는 결혼 전에 알았어야 했다.
내 남자에 대하여,
그 여자에 대하여,
그리고 가장 먼저 나에 대하여…….

2013년 5월
김영아

Contents

Prologue 난 그에게 사기 당했다······ · 4

Part 01 내 남자

Chapter 1.
내 남자는 나의 태양이 아니라 그녀의 태양이었다 · 14

나도 그의 여자고, 그녀도 그의 여자다 · 21
당신은 내 편이야, 그녀 편이야? · 27
그대가 곁에 있어도 나는 그대가 그립다 · 34
가끔 그녀의 된장찌개가 그립다고 당당하게 말하는 내 남자 · 39
다른 태양을 만났다면 난 외롭지 않았을까? · 44

Chapter 2.
사랑 없는 결혼이 결혼 없는 사랑을 만든다 · 54

그녀와 내가 맞장 뜨면, 그는 바람과 함께 사라진다 · 62
실은, 내 남자도 다른 길에 대한 미련이 있다 · 71
양옆에 두 여자를 끼고도 내 남자는 외롭다고 말한다 · 77
내 주소록에 있는 수많은 그녀들 · 81
내 남자는 결국, 선택을 포기했다 · 87

사랑하는 나의 남편에게 · 94

Part 02 그 여자

Chapter 3.
이미 나는 그 여자와의 시간 싸움에서 졌다 · 98

"내 삶이 누군가의 보상이라면 이쯤에서 끝내고 싶다" · 105
내 남자와 그 여자 사이에는 나만 모르는 비밀이 있다 · 115
우리의 침실에 그 여자가 있다는 것 · 120
내 남자를 넘어서 내 자식마저도…… · 126
아무리 노력해도 나는 내 남자와 그 여자의 이방인이다 · 132

Chapter 4.
내 남자의 그 여자는 어떤 유형일까 · 138

카멜레온 : 하루에도 열두 번씩 변하는 그 여자 · 141
한겨울의 서리 : 냉정하고 냉혹하며 도도한 그 여자 · 145
물에 젖은 솜 : 깊은 무기력, 오랜 우울감에 빠진 그 여자 · 148

Chapter 5.
그 여자는 내 남자의 첫사랑이었다 · 152

그 여자의 가슴에 찬바람이 불던 날 · 156
그 여자를 떠나 내 남자가 내게로 오던 날 · 163
그 여자가 받아야 했던 건 내 남자의 사랑이 아니었다 · 170
"너는 나를 떠났지만 나는 너를 떠나보내지 않았다" · 174
그 여자도 그 여자에 대한 쓰라린 상처가 있다 · 180

사랑하는 시어머니께 · 186

Part 03 동행

Chapter 6.
인정하고 싶지 않지만
나도 언젠가는 그 여자가 된다 · 190

내가 그 여자가 된 것을 확인하던 날 · 195
모든 이별에는 유예 기간이 필요하다 · 201
머언 먼 젊음의 뒤안길에서 인제는 돌아와 거울 앞에 선…… · 206
나는 차라리 기세등등했던 그 여자가 그립다 · 210
결국 그 여자와 나는 적이 아니었다 · 214

Chapter 7.
나와 그 여자가 손을 잡던 날,
비로소 내 남자가 내게로 왔다 · 220

그 여자는 그의 어머니로서만 존재해야 한다, 그리고 나도 · 225
우리는 하나이면서 동시에 셋이다 · 230
꼭 세 걸음만 뒤로 가서 그리움의 간격을 만들자 · 238
그 여자가 했던 것에서 플러스(+)5 · 242
셋이서 행복을 말하다 · 250

사랑하는 나의 아내 영아에게 · 258

Epilogue 결국 셋일 수밖에 없는 그들이 하나가 되는 법 · 260

내
남
자

내 남자는 내 것이어야 하지 않나요?
왜 내 남자는 여전히 그녀 곁을 맴돌고 있나요?
왜 그녀는 내 남자를 놓지 않는 걸까요?

Part 01

Chapter 1.

내 남자는
나의 태양이 아니라
그녀의 태양이었다

조용한 미소를 지으며 들어온 여자는 내 앞에 다소곳이 앉는다. 보통 이런 경우엔 내가 건네는 말 한마디에 어떤 반응이 올지 예상이 된다. 표정 변화가 심하지 않고 항상 마음이 편안한 듯 미소가 온화해 보이는 그녀의 가슴에 지금 감당하기 힘든 복잡한 상황들이 한계에 차올라 있음이 느껴진다. 정적이 흐르는 상담실, 내가 이 짧은 한마디로 입을 여는 순간 그녀는 흐느껴 울 것이다.

"잘 오셨어요. 여긴 우리 둘뿐이에요."

그녀는 "네." 하고 짤막한 답변을 한 후 고개를 숙인다. 나는 아직 눈물을 시작하지도 않은 그녀에게 부드러운 티슈를 건넨다. 고생이라곤 해보지 않은 사람처럼 하얀 손으로 눈물을 훔쳐내기 시작하는 그녀. 그런 그녀를 보니 스물셋에 결혼해 벌써 결혼생활 20년째에 접어드는 나의 처음 모습이 떠오른다. 그녀처럼 하얬던 나의 손으로 휴지를 꼭 쥐고 아무도 모르게 눈물을 훔쳐내던 때가 엊그제 같다. 결혼한 지 이제 5개월이 된 그녀에게 힘든 일이란 무엇일까. 예상했던 것과 다른 결혼생활, 남편의 외도, 갖고 싶지만 맘처럼 되지 않는 아기…… 그것도 아니라면 고부간의 갈등.

"저는 그 사람 어머니하고 결혼한 게 아니에요? 안 그래요, 교수님?"

홀어머니의 외아들을 사랑한 그녀는, 남편을 사랑하는 만큼 그의 어머니 또한 충분히 받아들이고 살 수 있으리라 생각했다. 그러나 남편의 홀어머니가 단막극 드라마 〈사랑과 전쟁〉에나 나올 법한 극적인 상황을 만들어내지 않음에도 불구하고, 그녀는 극심한 심리적 스트레스를 받고 있었다.

"허니문 베이비를 가졌어요. 그때부터 제 삶엔 시어머니가 함께 들어오게 됐죠. 거의 하루도 빠짐없이 어머님과 함께 있어요. 그분은 그걸 당연하다고 생각하시죠. 이대로 계속 간다면 전 미쳐버릴지도 몰라요. 그냥 아이를 없애버릴까 하는 생각까지 하고 있어요. 그런 생각을 하는 내 모습을 발견할 때마다 소스라치게 놀라요. 이젠 저 자신마저 미워지려고 해요. 이런 선택을 했다는 게……."

그녀는 결혼 전까지만 해도 회사에서 인정받는 똑 부러진 여성이었다. 결혼해서 집에 눌러 앉아 남편 퇴근 시간만 기다리는 해바라기 같은 여자들을 한심하게 생각하는 그런 여자. 자신은 절대 그렇게 살지 않을 거라고 생각했는데, 임신 후 시어머니와 함께 살게 되자 7시 30분만 되면 남편이 궁금해지고, 조금이라도 늦어지는 날엔 남편에게 화가 나기 시작한다고 고백했다.

"제가 왜 이렇게 되었을까요."

나는 조심스레 내 이야기를 꺼냈다. 이야기를 하면서 나 또한 그 시절의 나를 떠올리며 울컥해 눈물을 글썽이기도 했고, 의도치 않게 목소리를 높이기도 했다. 내 솔직한 모습이 그녀를 조금은 편안하게 해주었는지 그녀는 중간 중간 웃음을 보이기도 했다. '저도 그래요.' 하는 모습으로.

스물셋. 그 시절의 나는 내 모든 것을 포기하고, 내가 가진 모든 것을 지불하여 '그'라는 따뜻한 태양 하나를 가지길 원했다. 그리고 나는 그 태양에 대한 온갖 환상을 품었다. 내 작은 행동에도 주의를 기울여 반응하고 나의 말에 행복하게 웃어줄 그를 상상했다. 나의 모든 것을 조건도 이유도 없이 받아들여줄 그 사람을.

그 사람을 사랑할 당시 나는 '예뻐졌다'는 소리를 많이 들었다. '사랑하면 예뻐진다'는 말이 나에게 해당된다고 느꼈다. 그러한 예뻐짐의 원천은 미래에 대한 설렘에서 비롯된다. 그와 함께 한다면 '나'라는 존재가 충분히 받아들여질 거라는 기대감. 그런 것들이 가슴을 뛰게 만들고 그 가슴 뜀은 끊임없이 긍정적 긴장감을 만들어낸다. 그리고 우리는 무럭무럭 예뻐진다. 얼굴은 점점 홍조 띤 웃음기로 가득 찬다.

그렇게 예쁘던 나는 결혼과 동시에 그 설렘과 기대감이 일시에 무너지는 것을 느꼈다. 단순히 내 환상이 깨어지는 경험 때문이 아니라 그녀를 만남으로 인해서. '나만의 남자'여야 했던 그가 나의 태양이 아니라 이미 그녀의 태양이라는 것을 발견했을 때. 사기를 당한 것처럼 하늘이 노래졌던 그 순간을 잊지 못한다. 그리고 그것은 시작에 불과했다.

적어도 내 앞에 앉은 이 여자의 시어머니는 직접적으로 스트레스를 주는 일은 없다고 했다. 그렇지만 그저 같이 있는 것만으로도 임신으로 인해 예민해진 자신의 모든 몸과 마음에 스트레스가 된다고 고백했다. 수십 년간 다른 방식으로 살아온 두 사람이 한 공간 안에 있으며, 그녀가 자신의 가족이라는 이유로, 자기가 사랑하는 남편의 어머니라는 이유로 자신의 삶에 침투해왔다는 사실 자체가 미칠 듯한 압박감으로 여겨진다는 것이었다.

나 또한 결혼과 동시에 시부모님과 함께 살게 되면서 그 어색함을 이겨내기 위한 노력이 물거품으로 돌아올 때마다 느꼈던 허망함을 잊지 못한다. 당시 나도 결혼하자마자 임신을 했는데, 인생을 먼저 산 사람으로서 내게 건네는 그녀의 충고 한마디 한마디는 송곳으로 가장 예민한 곳을 찌르는 듯한 아픔이었다. 어리고 순진했던 나는 그 관계를 극복하기 위해 내가 스스로 노력해야 한다고 생각했지, 남편을 미워할 생각도, 시어머니를 미워할 생각도 하지 못했다. 하지만 당시 나는 요즘 말로 매일 밤 '멘붕' 상태를 경험했다.

'대체 내가 누구랑 결혼한 걸까?'

대부분의 여자들이 결혼 후에 이 질문을 던진다. 그리고 혼자 생각에 잠기다 결국 나를 찾아와 질문을 쏟아놓는다.

"그와 그녀의 관계를 내가 끊어놓을 수 있을까요? 아니면 적어도, 나에게만 집중하게 만들 수는 있는 걸까요?"

내 앞에 있는 여자에게도, 또 내가 만난 이 질문을 던진 수많은 사람들에게도…… 결국 나 자신에게도 나는 같은 답을 내어놓는다.

"그럴 수 없습니다. 그것은 불.가.능.해요."

이미 그 답을 알고 있었던 사람처럼 그녀는 깊은 한숨을 내어쉰다.

"이제 저는 어떻게 해야 하는 걸까요……."

한 남자와 사랑에 빠지고, 매일 밤 그와 헤어져야 한다는 사실을 더 이상 견딜 수 없게 될 때 우리는 결혼을 결심한다. 그리고 그의 프러포즈를 기다린다. 실은 결혼이라는 엄청난 사건이 터지기 전에 우리는 앞으로 닥칠 모든 것을 감당할 준비가 되었는지를 먼저 체크해보아야 한다. 하지만 이런 계산을 해보기도 전에 '사랑'이라는 달콤한 포장지는 그 모든 것을 내 눈으로부터 가려버리기에 충분하다. 그래서 우리는 일을 저지르고 만다. 그를 사랑하니까, 그의 가족들을 사랑하는 것은 그리 어려운 일이 아닐 것만 같다. 하지만 결혼 후, 와르르 무너지는 그 엄청난 절망감 앞에서 우리는 생각하게 된다.

'내가 여기서, 더 앞으로 나아갈 수 있을까? 적당히 무시하고 살면 되는 걸까? 아니면 좀 더 잘 지내보기 위해 어떤 노력을 해야 하는 걸까?

그녀는 대체 누구일까? 왜 나만 바라보고 웃어야 하는 태양을 마치 자신의 것인 양 저토록 자연스럽게 조종하는 것일까? 그리고 내 남자는 왜 아무렇지도 않게 그녀의 태양이 되어 저토록 자연스럽게 빛을 뿜어주는 것일까?'

대체 왜?

나도 그의 여자고, 그녀도 그의 여자다
— 어머니의 아들이자 내 남편으로, 남자의 위치 잡는 법

"남편에게 여자가 생겼어요."

보통 나를 찾아와 남편의 외도에 대한 이야기를 늘어놓는 여자들은 다양한 모습을 보이는데, 이 경우는 여느 때보다 독특했다. 대부분의 여자들이 눈물을 흘리거나 분노하며, 자신만을 바라볼 것이라 믿었던 남편에 대한 배신감으로 괴로워한다. 그렇지 않으면 그 상황을 받아들이는 것 자체를 힘들어하며 계속해서 사실을 부인하곤 한다. '그럴 리 없다'며 전형적인 회피성을 보이는 경우다.

그런데 이번에 문을 열고 들어온 여자는 비교적 차분했다. 이렇게 담담한 모습일 때가 나는 더 두렵다. 그 뒤에 숨은 무서운 우울감. 그것은 사람의 생각을 끊임없이 피폐하게 만든다. 꼬리에 꼬리를 물고 조그만 씨앗을 커다란 나무로 만들었다가 다시 베어버리는 상상을 반복하게 한다. 때때로 그것은 당사자에게 현실이 되어버리기도 한다. 그럴 때는 아무리 설득을 해도 말이 잘 먹혀들지 않는다.

"마음이 힘드시겠어요."

그녀는 고개를 끄덕였지만 표정 속에 담긴 내면을 읽기가 쉽지만은 않았다.

"남편이 미운가요?"

그녀는 "물론 밉다"고 했다. 하지만 다음에 이어진 그녀의 이야기는 내 예상을 좀 빗나가는 것이었다. 그녀의 담담함 뒤에 묻어나는 우울감은 나를 섬뜩한 느낌이 들게 했다.

"그런데 이 순간, 저는 왜 그 사람 어머니가 더 미운 거죠?"

아뿔싸. 그렇구나. 남편의 잘못된 행동으로 인해 그의 어머니가 더 미워지는 것은 아동정신의학자인 볼비(John Bowlby)가 제창한 '애착관계'에 대한 것과 관련이 있었다. 우리는 이쯤에서 그 이야기를 한번 짚고 넘어갈 필요가 있다. '애착'이라는 것은 친자관계, 특히 모친(혈연관계에 있지 않은 양육자 포함)과 갓난아기 사이에 형성되는 정신적인 유대를 말한다. 갓난아이가 태어났을 때 가장 먼저 만나는 사람은 누구인가? 바로 자신의 엄마다. 애착관계라는 것은, 아이가 태어나 가장 먼저 맺게 되는 엄마와의 관계가 어떻게 형성되는지에 따라서 아이의 인성에 많은 변화가 생길 수 있음을 의미한다. 그런데 이 관계에서 중요한 것은 아이가 직접 그 관계에 영향을 미치지 못하기 때문에 엄마에 의해 좌우된다는 사실이다. 엄마가 아이를 어떻게 대하느냐에 따라 아이가 안정적인 애착을 가질 수도 있고 불안정한 애착을 가질 수도 있다. 실제로 남녀 문제에서 발생하는 대부분의 원인을 거슬러 가다 보면 남녀 각자가 가진 애착 관계에서부터 시작되는 경우가 많다.

나중에 좀 더 자세히 설명하겠지만, 변덕스럽고 아이에게 지속적이고 변함없는 사랑을 주지 못한 경우 아이가 유독 사람들의 눈치를 많이 살피고 이성과의 관계에서도 매끄럽지 못한 경우가 많다. 또 엄마가 무기력하고 우울하거나 히스테릭한 경우 늘 사랑에 고파하고 결핍이 된 경우가 많다.

그렇다 보니 나를 찾아온 이 여자는 남편이 외도를 한 것이 단순히 다른 여자에게 한눈을 팔았다는 사실이 아니라, 남편이 어머니로부터 건강한 사랑을 받지 못했다는 사실에 더욱 화가 난다는 것이다. 비교적 남편에 비해 안정적인 성장과정을 거친 여자 입장에서는 이해하기가 쉽지 않은 상황이었을 것이다. 여자는 물론 남편의 마음을 온전히 잡아두지 못한 자신의 잘못을 부인할 수는 없겠지만 적어도 남편이 '엄마'라는 존재로부터 안정적인 애착관계를 형성해왔다면 지금과 같은 일은 막을 수 있었을 거라며 괴로워했다. 즉 둘 간의 문제가 생겼을 때 지지고 볶든, 끝 간 데까지 가든 당사자인 둘이 앉아서 놓고 해결하려 하지, 다른 사람과의 소통으로 해결하려 하거나 문제를 마냥 회피하지는 않았으리란 것이다.

"우리 문제는 좀 우리끼리 해결하면 안 돼?"

아마 연애시절부터 남자들이라면 귀가 닳도록 들었을 이 말. 그녀의 말처럼 그녀의 남편이란 사람은 그 어머니로부터 정상적인, 건강한 사랑을 받고 자란 것은 아닌 듯했다.

"남편과 어머니의 관계는 어떤가요?"

질문을 해놓고도 내가 너무 바보스러웠다. 나는 아들과 엄마의 관계가 사랑이 넘치고 누구보다 가까운 관계가 되어야 한다는 것을 잘 알고 있다. 하지만 결혼을 한 이후에는 저 질문에 대한 대답이 "잘 지냅니다."에 그쳐야 하지 "정말이지, 제가 누구와 결혼한 건지 모르겠어요." 혹은 "둘이 좋아 죽고 못 살아요." 식이 되어선 안 된다. 이를 심리학에서는 '원 가족으로부터의 분리'라고 표현한다. 즉 자신을 낳아준 부모님과의 가족을 '원 가족'이라고 표현한다면 결혼을 통해 완전히 분리가 된다는 의미다. 우리는 결혼을 할 때, 자신을 있게 해준 부모로부터 이제 완전히 독립하여 자신의 가정을 이루고 그것에 집중해야 한다. 통계적으로 봤을 때에도 그렇게 건강한 분리가 이루어졌을 때 원만한 가정을 이룰 가능성도 높아진다.

"어머님은 남편이 바람을 피운 사실을 알고 계신가요?"

"남편이 제대로 정신이 박힌 사람이라면 이야기하지 않았겠지만 둘의 사이가 좋을 땐 너무 좋아 쿵짝이 잘 맞으니 별별 이야기를 다해요. 그러다 안 좋을 땐 또 너무 좋지 않아서 말을 했을지 안 했을지는 모르겠어요. 그저 시시껄렁한 농담처럼 하고 넘어갔을지도 모를 일이죠."

"시어머님이 아들에게는 꼭 변덕스러운 여자친구 같네요."

"네! 그거에요. 딱 그런 모습……."

아…… 그렇구나. 그리고 남편은 이야기를 했을 것이다. 정신이 제대로 안 박혀서가 아니라 그저 그의 엄마란 존재 앞에선 정신이 들락날락거렸을 테니까.

그녀의 이야기를 듣다 보니 내 시어머니 생각이 났다. 결혼 당시, 남편이 가진 총명함과 다정한 성격 외에 '세상에 둘도 없는 효자'라는 최악의 타이틀(?)이 내 눈엔 들어오지 않았다. 결혼을 하고 보니 변덕스럽다 못해 '자기 마음대로'라는 표현이 딱 이럴 때 쓰는 말이구나, 싶을 정도로 모든 걸 쥐고 흔들려는 한 여자가 그의 뒤에 있었다. 남편은 그런 어머니를 측은해하며 '아버지로부터 받지 못한 사랑'을 자신이 대신 채워주려 애썼고, 그러다 한 번씩 어머니가 정말 감당이 안 되는 일을 저지를 때면 욱하고 성질을 부리고는 그렇게 행동한 것에 죄책감을 느끼고 괴로워했다.

남편도 나와 문제가 생기거나 각자 일 때문에 혼자 있을 시간들을 견디어 내지 못할 때마다 다른 여자들에게서 위로와 살뜰한 보호(?)를 구했다. 유난히 다정한 성격도 문제였지만 항상 그 행동들은 다정을 넘어섰다. 생각해보니 그럴 때마다 나도 시어머니가 그렇게 미웠다.

'대체 아들을 어떻게 키웠기에…….'

여자들은 결혼을 하면 남편이 온전히 내 남자가 된다고 생각하지만, 그의 첫사랑이었던 '어머니'란 존재는 과거 내 남자의 너무 많은 부분을 이미 지배해버렸다. 오랫동안 그의 여자였고 지금도 여전히 그러기를 원하는 어머니의 존재로부터 남편이 건강한 분리를 해나가지 못한다면 결국 둘이 한 남자를 물고 늘어지는 격이 되고 만다. 물론 그 분리는 하루아침에 이루어지는 것이 아니라 그것을 받아들이고 심리적, 정서적으로 안정이 되기까지의 시간이 반드시 필요하다.

어머니로부터 안정적 애착관계를 형성하지 못한 아들이 어머니와 온전히 분리도 되지 않은 상태에서, 결혼을 하자마자 자신의 것이라고 우기는 여자와의 갈등에 맞닥뜨리게 되는 순간 그 남자는 자신이 어디에 서야 할지 모른 채 방황할 수밖에 없다. 그렇게 싸움에 지친 남자가 그 모든 것으로부터 벗어나기 위해 제3의 여인을 찾는 건 당연한 수순일지도 모른다. 제3의 여인은 아내나 어머니가 자신에게 요구하던 어려운 현실적인 문제에 대해서 이야기하지 않으며, 오히려 정서적으로 자신을 어루만져주기 때문이다. 잠시라도 골치 아픈 일들을 잊어버릴 수 있는 그 시간에 목을 매는 건 당연하지 않겠는가.

당신은 내 편이야, 그녀 편이야?

— 정답이 없는 질문에 지혜롭게 답하는 법

'당신은 내 편이야, 그녀(엄마) 편이야?'

이 세상에, 이 질문에 대해 딱 한 번 만에 정답을 내어놓을 수 있는 남자는 없다는 데 내 남자를 걸겠다. 물론 내 남자도 예외는 아니었다. 그나마 싱거운 듯 "뭘 그런 쓸데없는 질문을 해." 정도로 끝내면 다행이다.

언젠가 상담했던 부부 중 이름만 대면 다 아는 부자 부부가 있었다. 남편은 MBTI* 유형 중 전형적인 ISTJ의 성향을 지닌 사람으로, 권위적이고 보수적인 남자였다. 평소 두 사람은 사이가 좋다고 소문이 나 있었다. 그런데 어느 날 격한 부부싸움을 하고 나를 찾아온 것이다.

---

* MBIT : The Myers-Briggs Type Indicator, 일상생활에 활용할 수 있도록 고안된 자기보고식 성격유형지표

"아니, 어쩌다가 여기까지…….."

내 질문에 남자는 멋쩍어했고, 여자는 씩씩대다 입을 열었다.

"당신, 물에 빠지면 어머니를 먼저 구할 거냐, 나를 먼저 구할 거냐, 물었죠. 그런데 이 사람이 뭐라는 줄 아세요? 눈도 하나 깜짝 하지 않고, '나는 거짓말을 할 수 없으니 그냥 솔직하게 말하겠다. 아내는 다시 얻을 수 있지만 엄마는 다시 얻을 수 없지 않느냐. 그러니 나는 엄마를 구할 것이다.'라고 말하는 거예요. 제가 안 뒤집어질 수가 있겠어요?"

이 유치해 보이는 질문 하나 때문에 벌어진 격한 싸움이 며칠 간 이어지니 견딜 수 없어, 결국 아는 사람에게 물어물어 날 찾아온 것 같았는데(이런 경우 보통 '남자가 잘못되었다'는 것을 인정시키기 위한 여자 측의 강요에 의한 경우가 많다), 사실 엄밀히 따지면 이것은 유치한 질문이 아니다. 남녀 관계에서 일어날 수 있는 싸움의 대표적인 근원이기도 하니까. 여자는 이런 걸로 사랑을 확인하려 하고, 남자가 원하는 대답을 하지 않았을 경우 '너는 나를 사랑하지 않는다'는 원초적인 문제로 되돌아가 끊임없이 울고 화를 내며 원하는 답을 얻어내려는 필사적인 사투를 벌일 것이다. 그러니 적절히 대답해주어야 할 필요가 있다. 남자들은.

나는 남자에게 물었다.

"선생님이 회사를 이끌어가는 대표이다 보니 어떤 말을 하고자 할 때 자신의 생각을 명확하게 전달해야 한다는 건 잘 알고 있습니다. 의사가 왜곡되면 안 될 테니까요. 선생님의 말 한 마디가 회사에서 문제가 될 수도 있고요. 오랫동안 회사의 대표로 있었기에 그런 행동이 몸에 밴 것도 잘 알 것 같습니다. 하지만 아내에게까지 그렇게 명료하게 대답을 해야 할 필요가 있었을까요?"

상황을 조금 진정시키기 위해 남자가 약간은 반성(?)하는 기미라도 보이길 바랐다. 하지만 남자는 딱 잘라 "교수님이 어떻게 말하셔도 제 대답은 똑같습니다."라고 말하는 게 아닌가. 옆에 있는 여자는 더 기가 막힌 표정으로 남자를 쏘아본다. 나는 역지사지로 예를 들어 설명하기도 하고, 아내가 얼마나 마음이 아팠겠냐는 식으로 호소를 하기도 했지만 남편은 "저라면 하나도 섭섭하지 않을 겁니다. 그냥 있는 그대로 받아들일 거예요."라며 입장을 굽히지 않았다.

참 지혜롭지 못하다. 말 한 마디 때문에 여기까지 오게 된 상황인데도 끝까지 그 말 한 마디를 져주지 못한다. 얼마 전 TV 프로그램에서 한 연예인이 그러더라. 어머니 옆에선 '엄마가 최고야.' 아내 앞에선 '당신이 최고야.'라고 뻔한 거짓말을 한다고. 그러면서 덧붙였다. "그 상황에선 제가 그렇게 말할 수밖에 없지 않겠어요? 이건 거짓말도 아니고 진실도 아닙니다. 혹여 거짓말이라면 이런 걸 두고 '필요악'이라고 하겠지요."라고. 이는 교활한 것이 아니라 지혜로운 것이다. 문제가 극단으로 치닫지 않도록 미연에 방지하는 것이다.

그날 그의 아내는 얼마나 외로웠을까. 그는 여자가 죽으면 물론 다른 여자를 얻을 수 있다. 그것이 '나는 당신보다 엄마가 먼저야.'라는 말보다 그녀를 더욱 슬프게 했을지도 모른다. 이것이 결국 내가 그 많은 것들을 지불하고 얻은 태양인가? 고통을 겪으며 아이를 낳고, 내가 하고 싶었던 많은 것들을 포기하고 아이를 키우며, 내 이름 석 자를 묻고 한 남자의 아내로 살아온 여자에게 할 수 있는 말인가? 나는 그녀의 눈물 앞에서 나 스스로에게도 이런 의문들을 던지고 있었다.

나도 종종 "당신은 누굴 구할 거야?"라는 질문을 남편에게 던진다. 심리학 박사씩이나 돼서 이 말도 안 되는 질문을, 무슨 대답을 할지 뻔히 알고 있는 저 남자에게 한다는 것. 이 자체만으로도 너무 한심하기 짝이 없지만, 나는 물어본다. 그러면 남편은 "당신 심리학자 맞아?" 하며 인상을 찌푸린다. 그 말에 더 화가 나서 "심리학자는 감정도 없고 궁금한 것도 없는 줄 알아? 내가 원하는 대답을 해달라고!"라고 짐짓 화난 듯 말하면 "알아, 알아. 당신을 먼저 구해야지."라고 대답한다. 그러면 나는 그저 씨익 웃고 말아버린다. 그러나 나는 이미 안다. 세상에 그런 일이 일어날 리 만무하며 게다가 나는 수영도 잘한다는 사실을.

'젖가슴의 부재'라는 말을 들어보았는지. '젖가슴' 하면 어떤 것이 먼저 떠오르는가? 어린 아이에게 있어 그것은 '생존'을 좌우할 만큼 중요한 의미를 지닌다. 또한 젖가슴은 아이가 포근하게 안길 수 있는 따뜻함의 원천이기도 하다. 그래서 아이는 태어나자마자 자신의 생명을 유지시켜주고 포근함을 주는 젖가슴에 애착을 가지게 된다. 그런데 이 아이가 성숙해진다는 것은 자신이 죽을 때까지 영영 이 젖가슴을 안고 살아갈 수 없다는 것을 받아들이는 것으로부터 시작된다. 아마 우리는 젖을 떼지 못하는 아이 때문에 가슴에 빨간약을 바르는 경우를 본 적이 있을 것이다. 처음에 아이는 자신이 더 이상 젖가슴을 물 수 없다는 사실을 괴로워하며 떼를 쓰고 힘들어 한다. 하지만 시간이 흐르면서 더는 그것이 불가능하다는 것을 깨닫게 되고 이유식을 하면서 서서히 분리가 된다.

이때 중요한 것은 아이가 사랑하던 젖가슴이 완전히 '사라진다'는 의미가 아니라는 것을 알고, 슬퍼하거나 분노하지 않아야 한다는 것이다. 엄마 가슴이 사라지는 것이 아니라 항상 그곳에 있다는 것을 아는 채 받아들여야 한다는 것이다. 그리고 자신이 애착을 가졌던 그 젖가슴을 다른 대상으로 대체할 수 있게 되어야 한다. 그 대상은 사랑하는 대상이 될 수도 있고, 자신의 만족감을 채워줄 수 있는 다른 대상이 될 수도 있다(좋아하는 일 등).

그런데 이 젖가슴의 부재를 건강하게 받아들이지 못한 채 어른이 된 남자는 어떨까? 그런 남자가 나의 남편이 된다면? 그는 더 이상 자기 것이 아닌 대상(엄마)에게서 외로움을 느끼고, 그렇게 불안정안 상태에서 새로 받아들이게 된 아내로부터도 안정감을 느끼지 못한다. 자신의 의지와 상관없이 젖가슴의 부재 속에 던져진 남자는 그것을 수용할 힘이 없어서 또 다른 젖가슴을 찾게 되는 것이다. 여기서 또 다른 젖가슴이란 올바르지 못한 대상을 의미한다. 컴퓨터 중독이나 술, 도박 등 건강하지 못하거나 중독성이 강한 대상 말이다.

김기덕 감독의 영화 〈피에타〉를 보면서 나는 이 '젖가슴의 부재'에 대한 생각을 더 깊이 해보게 되었다. 어릴 때부터 엄마의 사랑을 제대로 받아보지 못한 주인공이 복수를 위해 나타난 가짜 엄마에게 집착하는 모습을 보며 나도 아들을 둔 엄마로서 가슴이 미어지는 느낌을 피할 수 없었다. 감독은 이런 모습을 병적으로 그려내긴 했지만, 실은 엄마로부터 제대로 된 사랑을 받지 못한 대부분의 남자들이 이런 신경증을 안고 산다. 결국 신경증과 정신병은 종이 한 장 차이에 불과하니까.

부모로부터 건강하게 독립하지 못해 삐뚤어진 방법으로 자신의 문제를 해결해나가는 수많은 남자들을 보면서 순간 섬뜩해질 때가 있다. 엄마 연습을 제대로 하지 못하고 건강하지 못한 상태로 아들을 독립시킨 엄마는 자신의 남편으로부터 제대로 된 사랑을 받지 못했기 때문일 가능성이 크다. 그리고 그 남편은 역시 자기 어머니의 젖가슴으로부터 자유롭지 못했을 테고. 그렇게 키운 아들이 과연 자신이 새로 얻은 젖가슴의 대상으로부터 얼마나 만족하며 행복을 일구어갈 수 있을까. 정신이 아득해지는 것은 당연할지도.

나도 내 아들을 생전 처음 보는 낯선 여자에게 뺏겨야 한다는 사실,

'뺏긴다'는 말은 틀린 표현이겠지만 어쨌든 그 상황을 생각하면 왠지 끔찍하다. 하지만 내 아들이 나를 떠나 건강하게 독립하지 못한 상태에서 가정을 꾸려갈 것이란 생각을 하면 그 불행으로 인해 내 가슴이 더 아플 것이다. 그런 생각을 하니 벌써부터 마음이 무거워진다. 내 아들이 내 며느리에게 '아내는 또 얻을 수 있으니 엄마를 먼저 구해야지.'라고 이야기한다면 순간 내 기분이야 좋겠지만, 그 며느리가 내가 그랬던 것처럼, 또 내 앞에 있는 이 여자처럼 외로워할 것이라고 생각하면 내 기분을 포기하는 게 맞다. 하지만 참 말처럼 쉽지가 않다.

"물론, 당신을 먼저 구해야지. 난 당신이 없으면 안 되니까."

남자들이 조금만 더 지혜로워질 수는 없는 걸까. 백 번 말해도 소용없는 일이겠지. 이것은 내가 아들로부터 "엄마보다 아내를 먼저 구해야죠. 이젠 아내의 남자가 되었으니까요."라는 말을 듣고도 태연하게 "그럼 당연하지. 암, 그래야 하고말고." 하고 대답할 수 없는 것과 같다. 우리는 모두 진짜 어른이 되려면 멀었나 보다.

그대가 곁에 있어도
나는 그대가 그립다
―어머니에 대한 아들의 죄책감을 덜어내는 법

어린 시절 엄마가 늘 아버지에게 맞고 사는 걸 보고 자란 한 중년 남성을 만나게 됐다. 상담을 요청해온 것은 그의 아내였지만 내가 만난 것은 그였다.

"저는 그때 어머니를 보호하지 못했습니다."

남자가 어느 정도 자랐을 때 아버지가 더는 엄마에게 손을 대지 않았지만, 수십 년이 지난 지금도 그는 어머니를 보호하지 못한 자신을 원망하며 죄책감에서 벗어나지 못하고 있었다. 우리는 이것을 전형적인 '오이디푸스 콤플렉스'라고 부른다. 프로이트는 4~6세 정도의 남자 아이들이 아버지 대신 어머니를 독차지하고 싶어 하는 욕망 때문에 나타나는 감정을 '오이디푸스 콤플렉스'라 말했다. 한마디로 아들이 아버지를 적으로 여기는 것이다. 이 상황에서 남자 아이들은 아버지와 경쟁하는 것을 넘어 심지어 아버지를 살해하려는 적의를 품기도 한다. 하지만 아들은 어느 순간 깨닫게 된다. '나는 도저히 아버지를 이길 수 없구나.' 그래서 차라리 아버지처럼 되자, 아버지를 닮자, 아버지의 존재를 받아들이자, 하는 타협이 시작되고, 자기도 빨리 아버지처럼 힘 있는 어른이 되고 싶다는 마음을 갖기 시작한다. 그러면서 오이디푸스 콤플렉스는 서서히 마무리된다.

부모와의 관계가 애정이 깊고 서로 깊은 상처를 주고받지 않으며, 부모가 아이를 지나치게 자극하거나 압박하지 않았던 경우라면 이 단계는 자연스럽게 지나간다. 그러나 심리적인 상처가 있고 부모와의 애정 관계가 원만하지 못했다면 이러한 콤플렉스는 성인이 되어서도 계속해서 나타날 가능성이 높다. 자신의 아내에게 폭력을 휘두른다든가, 엄마에 대한 죄책감이나 의존성에서 벗어나지 못하는 등으로 말이다.

이 남자의 경우도 부모와의 관계가 원만하지 못했고, 어릴 때 받은 자극들이 계속해서 가슴에 남아 그 콤플렉스를 갖게 하는 듯 보였다.

"왜 엄마를 보호하지 못했나요?"

"아버지가 무서웠으니까요. 너무 작고 어린 나는 아버지가 두려워 엄마에게 다가가지 못했습니다. 아버지를 밀쳐내고 그러지 말라고 소리라도 질렀어야 했는데, 그저 방 한 구석에서 엄마가 힘들어 하시는 걸 지켜봐야만 했습니다."

그에게는 여동생이 한 명 있었는데, 엄마가 그럴 때마다 여동생이 달려가 엄마를 안아주는 걸 보았다고 했다. 자기 또한 엄마한테 달려가서 안아주고 싶었지만, 그러지 못하는 자신을 또 한 번 발견했다고. 차라리 자신이 여자였으면 얼마나 좋을까, 하는 생각을 수도 없이 했다고 한다. 그런 날이면 어김없이 밤새도록 누군가로부터 쫓기는 꿈을 꾸고, 그러다 오줌을 싸곤 했다.

문제는 그의 부모님이 사이가 좋아진 이후까지도 남자가 그 상처들을 끌어안으며 자라온 데 있다. 이렇게 각인된 상처는 여전히 불안정했을 유년기와 청소년기를 지나는 동안 남자의 마음속에 '엄마에 대한 죄책감'을 심어놓고 계속 자라게 했을 것이다. 그렇게 성장한 남자는 성인이 되어 결혼을 했고 이제 중년 남성이 되었다. 그런데 그는 아직도 이렇게 말한다.

"아내와 함께 영화를 보거나 좋은 곳에 갈 때면 혼자 계실 어머니에게 너무 미안함을 느낍니다."

결국 곁에 있는 것은 아내이지만, 남자는 혼자 계신 어머니 때문에 정작 함께 있는 아내에게 상처를 주게 된다. 자신의 마음이 어릴 때 아버지로부터 지켜내지 못한 엄마에게 머물러 있는 동안, 내가 새로 받아들인 이 여자는 끊임없이 자신을 그리워하며 살아가야 한다. 그리고 그 그리움을 보상 받을 길 없는 여자는 자신의 아들에게서 그 사랑을 갈구할 수밖에 없다.

"지금 곁에 있는 아내를 추스르고, 그녀를 지지해주세요."

하지만 이를 실행하는 일은 맘처럼 쉽지가 않다. 아내와 함께 있는 동안에도 남편의 마음은 붕 떠 있기만 하다. 엄마에게 제대로 해드리지 못했다는 아픔은 계속해서 자신의 머릿속을 붕붕 맴돌며 지금 아내와 함께 있는 이곳과 엄마가 있는 저곳 모두 행복하지 못하게 만드는 것이다.

나는 남자가 말하는 아픔이 무엇인지 충분히 이해할 수 있었다. 하지만 왠지 내가 만나지도 않은 그의 아내가 마치 나인 양 가슴 한편이 저릿해져오는 것을 느꼈다. 시어머니에 대한 사랑이 각별한 아들과 결혼한 여자(혹은 홀어머니 밑에서 자란 아들이거나 어머니나 아버지로부터 사랑을 많이 받지 못한 어머니 밑에서 자란 아들)라면 어찌 모를까. 이게 어떤 감정인지를. 나도 내 남편과 행복한 순간을 보내고 있을 때, 갑자기 멍하니 남편의 마음이 딴 곳을 응시하고 있다는 것을 느낄 때가 한두 번이 아닌데. 그나마 사람 마음에 대해 오래 공부해온 나이기에 그런 남편을 이해하고 넘어가는 것이 그나마 조금은 객관적일 수 있었다.

하지만 보통의 평범한 여자들은 어떨까? 자신의 남자가 밉고, 그 이전에 그의 어머니가 죽도록 밉지는 않을까? 남편의 아픔이 무엇인지 모르는 상태에서 그저 남자의 행동만 본다면, 지금 이 경우처럼 답답하고 숨이 막히는 건 어쩌면 당연한 게 아닐까.

"아내가 외로워하고 있어요."

남자는 지금 그의 아내 때문에도 가슴이 아프지만, 여전히 자신이 돌봐주지 못한 어머니에 대한 죄책감에서 벗어나기를 힘들어한다. 아내인 내가 분명 곁에 있는데도 그녀를 생각하는 내 남자. 그런 남자를 오롯이 이해하고 받아들일 수 있는 성숙함을 갖춘 여자가 이 세상에 몇이나 될까. 이 모든 사실을 잘 알고 있는 나도 종종 이렇게 외로운데.

"당신이 지금 아내에게 충실하지 못하면 외로움에 지친 아내는 또 아들에게 의지할 거예요. 그때 아버지가 어머니를 사랑하지 못했던 것 때문에 자식인 당신이 지금 이토록 괴로운 거잖아요. 지금 자신의 아내를 충분히 사랑해주지 못한다면, 아내는 또 다른 가해자가 될 수 있습니다."

내 이야기가 그 남자에게 얼마나 진지하게 받아들여졌는지는 모르겠으나, 이것은 사실이다. 그녀(엄마)로부터 완전히 떠나오지 못한 이 그리움이 또 다른 여자(아내)에게 가혹한 아픔을 주고 있다. 이 세상 모든 남자들을 가해자로 만들지 않으려면, 지금부터도 우리는 행복하게 웃으며 아들을 보낼 준비를 해야 하는지도 모른다. 그런 생각을 하면 벌써부터 이렇게 가슴이 아파오지만, 난 사랑하는 내 아들이 가해자가 되길 바라지 않으니까.

가끔 그녀의 된장찌개가 그립다고
당당하게 말하는 내 남자

―어머니가 아닌 나의 사랑에 길들여지도록 하는 법

사람은 어린 시절 자신을 양육한 사람으로부터 그의 사고와 가치관, 문제 해결력 등을 습득하게 된다. 우리가 원하든 원하지 않든 자라면서 부모의 여러 면들을 닮아오는 것처럼 말이다. 남편과 부부싸움을 할 때면 어김없이 내 엄마가 했던 방식으로 말하고, 그 방식대로 하고 있는 나 자신을 발견하곤 깜짝 놀랄 때가 있다. 나도 모르는 사이 그 모든 것을 닮아왔기 때문에 그렇다. 그와 동일하게 옮아오는 것이 또 하나 있는데 바로 '미각적인 것' 즉 '먹는 것'이다. 그것은 다른 것보다 더 진하게 우리의 삶과 기억 속에 배어난다.

"아…… 김 여사 된장찌개 먹고 싶네."

자신의 어머니를 넉살 좋게 '김 여사'라고 부르는 이 남자. 나에게 지금 그녀의 된장찌개가 먹고 싶다고 말한다는 것은 내가 지금 만들어내는 된장찌개에 그녀만큼의 깊이나 정성, 해묵은 된장 맛이 느껴지지 않는다는 의미이기도 하다.

  이것은 단순히 '먹는 것'에서 그치지 않는다. 몸은 내 곁에 있지만 그 남자는 끊임없이 그녀의 품과 그녀가 해주었던 모든 것을 그리워한다는 의미이기도 하다. 그 사람의 모든 촉각, 후각, 미각 이런 것들이 아직 그곳에서 완전히 떠나오지 못했다는 말이다. 남자들이 이 이야기를 들으면 '가끔 엄마 된장찌개가 먹고 싶다는 건데 너무 확대해석하는 것 아니냐'고 말하겠지만, 옛날 어른들이 하는 말 중 이런 게 있다.

  '남자들은 꼭 집에 있는 식모하고 바람이 난다.'

  실제로 자신의 남편의 외도를 알게 되어 너무나 화가 난 한 여자가 나를 찾아와 하는 말이, 자신이 가장 억울하고 분한 건 그 여자가 자신의 집에 일을 해주러 오는 가정부 아주머니라는 사실이라고 했다. 차라리 젊고 예쁘기라도 했으면 모르겠는데 집에 와서 밥이나 차려주고 청소나 해주는 그 아주머니가 뭐가 좋아서 바람이 난 건지, 끝까지 그런 여자를 싸고도는 것인지 모르겠다고 분노했다. 하지만 나는 알 것 같았다. 남자는 가정부가 차려주는 밥상에서 어머니에 대한 그리움을 보상 받고 있었으리라. 먹는 것은 그만큼 중요하니까. 단순히 입으로 들어가 허기를 달래주고 미각을 충족시키는 그 무엇이 아니라, 그 속에는 정말 많은 것이 담겨 있기 때문이다.

"궁금한 게 있어요. 남편에게 직접 식사를 차려준 적이 있으신가요?"
"애들 공부시키느라 바빠 죽겠는데 그럴 여력이 없으니 아줌마까지 두었겠죠. 그리고 미운 사람한테 밥은 무슨 밥이에요. 제가 지금 그러고 싶겠어요?"

요즘 아이들이 공부중인데다 그 아이들 뒷바라지 해주는 게 너무 힘들어서 밥 한 끼 직접 차려줄 틈이 없다는 여자의 말. 외고에 다니는 아들 하나와 중학생 딸을 둔 이 엄마는 이렇게 자식을 완벽하게 키워내고 있는 것만으로도 자신이 얼마나 괜찮은 여자인지를 어필하기에 바빴다.

"제가 음식을 못해서 그러는 게 아니에요. 제가 해야 할 더 중요한 일들을 지금 하고 있는 것이고, 이 모든 게 우리 가정의 행복을 위해서 아니겠어요?"

난 여자에게 음식을 '잘해야' 한다고 말하는 거 아니었는데, 그리고 아이들을 제대로 키워내는 것이 중요한 일이 아니라고 말한 것도 아니었는데 여자는 모든 결론을 이미 혼자 알아서 짓고 있었다. 정말, 우리에겐 무엇이 행복이며 어떤 것이 아이들을 제대로 완벽하게 길러내는 것일까. 그녀의 말을 부인하거나 잘못했다고 꾸짖으려는 게 아니다. 지금 이 여자도 밤이면 낮 동안 지친 자신을 달래줄 남자를 기대할 것이다. 하지만 엄마의 된장찌개나 찾고, 그래서 밥 차려주는 가정부와 바람이 난 남자만이 덩그러니 남아 자신의 지난 고생들에 대한 보상을 깡그리 뭉개버리고 만다. 이제 여자가 기댈 곳은 두 자녀밖에 없다.

내 아들은 내가 늦은 밤에 만들어주는 떡볶이에 가끔 목숨을 건다. 나 또한 하루 종일 강의와 상담으로 지친 몸을 끌고 집으로 들어오면 손가락 하나 움직이기 싫을 때가 한두 번이 아니다. 하지만 늦은 밤까지 열공하고 있는 큰딸, 딸애처럼은 아니어도 그 곁에서 스탠드를 켜놓고 꾸벅꾸벅 졸고 있는 아들에게 나는 내가 할 수 있는 최선을 다해주려 애쓴다. 그중 한 가지 방법이 바로 맛있는 것을 직접 만들어주는 것이다. 나도 집을 돌볼 여력이 되지 않아 일하는 아주머니를 두지만 내 아이들의 도시락과 아침밥은 꼭 직접 만들어주기 위해 노력한다.

그럴 듯하게 차려놓은 떡볶이를 호호 불며 먹는 두 자녀를 보고 있노라면 내가 세상의 모든 것을 가진 것처럼 느껴진다. 그리고 이때 나는 의도적으로라도 내 남편을 함께 이 안으로 끌어들인다. 하루 두 끼를 바깥 음식으로 해결해야 하는 남편을 위해 내가 만든 음식을 먹인다는 것은 그녀의 된장찌개를 그리워하지 않게 하기 위한 특단의 조치다. 그녀만큼 훌륭하고 오래된 미각과 촉각과 후각을 제공해줄 수는 없지만, 조금씩 내게 익숙해지고 더는 그녀를 그리워하지 않으며 내 남자로서 내 삶에 깊숙이 파고들 수 있도록 하기 위한 노력인 것이다.

그래서 음식을 맛보게 한 후 꼭 묻는다.

"맛 괜찮아?"

가끔 그녀의 된장찌개가 그립다고 당당하게 말하는 남자는 그래도 낫지 않은가. '아…… 이 남자가 지금 힘든가 보다. 그녀의 품이 그립고, 그녀가 만들어주는 된장찌개가 그리울 만큼.' 내가 이렇게 알아차릴 수라도 있으니까. 그럴 때 나는 잠시라도 그녀의 흉내를 내며 그의 힘든 마음을 달래줄 수 있다.

하지만 내가 그걸 외면해버리고, '이 남자가 왜 이래?' 하는 순간 내 남자는 어디선가 그 된장찌개를 찾고 있을지도 모른다. 사실 내 남자는 된장찌개가 먹고 싶은 게 아니라 사랑이 먹고 싶은 것일 테니까.

다른 태양을 만났다면
난 외롭지 않았을까?

―온전히 내 편이 될 수 없는 남편을 받아들이는 법

결혼을 하면 외로움이 사라질 거라고 누가 말했나. 결혼을 하는 게 안 하는 것보단 낫다고 누가 말했나. 나는 결혼을 이미 해보았으니 결혼을 하는 게 나은지 안 하는 게 나은지 경험을 통한 비교분석은 못하겠다. 다만 결혼을 한다고 해서 혼자서 겪어야 했을 외로움이 완전히 사라지는 게 아닌 것은 확실하다. 친구들이 많으면 그들과 함께하느라 쉴 틈 없지만 막상 그러다 혼자 남겨지면 공허함은 배가 되게 마련이다.

남편이라는 존재는 나와 평생을 함께할 것이고 어떤 순간에라도 내 곁을 지키는 사람, 내 편인 사람이다. 아니, 우리 여자들은 모두 그렇게 믿고 결혼을 한다. 하지만 그렇게 철석같이 믿었던 사람이 내 편이 아니라고 느낄 때, 혹은 갑자기 먼 사람처럼 느껴질 때, 나의 외로움은 차라리 혼자였을 때보다 훨씬 커진다. 그 공허함은 시끌벅적한 생일파티가 끝나고 혼자 남겨졌을 때보다 더 그 순간을 허전하게 만든다.

내가 만난 꽤 많은 내담자들이 결혼을 도피처로 여겼다. 너무 보수적인 아버지로부터 빨리 벗어나고 싶어서, 부모님의 잦은 부부싸움 때문에 그 답답한 곳에서 벗어나고 싶어서, 경제적인 어려움이 지긋지긋해 탈출구를 찾고 싶어서……. 우리나라의 사회 구조상 자신이 안고 있는 원 가족의 아픔에서 빠져나올 수 있는 가장 정당한 방법은 결혼이다. 아니, 대부분의 사람들이 그렇게 생각한다. 부모와의 관계나 형제자매와의 관계를 해결할 수 있는 유일한 길.

하지만 그렇게 결혼한 경우 열이면 아홉이 실패를 한다. 여기서 실패란 자신이 생각하고 기대한 탈출구가 '결혼'이 아니었다는 것을 깨닫는 순간에서부터 출발한다. 시행착오를 겪으면서 결혼생활이 무엇인지 제대로 깨닫게 되고, 그렇게 편안해지는 과정을 겪는 것이 당연한 수순이겠지만 이것은 자신이 꿈꾸던 것과 달라도 너무 다르다! 나를 찾아온 한 여자도 내 앞에서 엉엉 울며 하는 소리가 이와 다르지 않았다.

"엄마 아빠는 날이면 날마다 싸워댔죠. 어린 내가 낮잠을 자다 시끄러운 소리가 나 거실로 나가보면 상이 엎어져 있는 때가 한두 번이 아니었어요. 어린 마음에도 결혼 생활이란 게 이런 건가, 나는 그렇게 안 살아야지, 하고 생각했어요. 그러다 사춘기가 되었을 때는 내가 결혼이란 걸 할 수 있을까…… 싶기도 했죠. 스무 살이 넘자 더는 집에서 버티질 못하겠더라고요. 학교라도 집에서 벗어났다면 좀 달랐을 텐데 여전히 부모님 밑에서 살아야 하는 상황이 되자 결혼 말고는 답이 없겠다 싶었어요. 그래서 지금 남편을 만나고 결혼을 했는데……."

"뭐가 잘 안 되던가요? 결혼생활이?"

"네, 잘 안 되는 것 같아요. 부모님처럼 치고받고 싸우는 것도 싫어서 남편과 부딪히지 않으려고 부단히 노력을 해요. 그 외에 살림살이부터 시작해 시부모님들과의 관계, 시댁 식구들을 챙기는 일까지…… 남편이 귀하게 자랐기 때문에 그 집에 흠 잡히지 않기 위해서도 노력하죠. 어느 것 하나 흐트러지지 않게 잘 꾸려가려고 애쓰는데 왜 자꾸 어긋나기만 하는 건지 모르겠어요. 역시 정상적이지 않았던 부모님 영향 때문인가 싶기도 하고. 머릿속은 자꾸 복잡하고 마음은 조급하고……."

"남편은 당신을 보며 뭐라고 하던가요?"

"너무 과해 보인다고…… 오히려 그러면 역효과가 나니까 뭐든 편안하게 하라고 그러더라고요. 실수하거나 서툴다고 해서 뭐라고 할 사람 아무도 없으니까 괜찮다고……. 남편이 그렇게 말해주니 다행이다 싶지만, 저는 남편을 싸고도는 시어머니 얼굴만 떠올려도 혹여 제가 무언가 책잡힐 일을 하는 건 아닐까 그것부터 생각하게 돼요. 이젠 제가 자꾸 과민하게 반응하고 자주 울고 잠도 잘 못자고 하니까 남편도 이런 나를 달래주는 게 한계가 오는 것 같고……. 그게 미안해서 또 주눅이 들고……. 이러다 이 남자가 내게 지쳐 나를 떠나면 어떨까, 또 그런 고민을 낳고. 그렇게 악순환이 되는 것 같아요."

나는 이 상황이 비단 '나는 잘해보려고 노력하는데 잘 안 되는 것 같아 힘들어요.'라고 말하는 그녀의 말처럼 표현적으로 드러나는 단순한 문제라고 여겨지지만은 않았다. 결혼을 하면 누구나 잘하려고 한다. 그게 잘 안 되면 속상하기도 하고, 생각했던 것과 다르다는 이격감에 실망을 하기도 한다. 하지만 이 여자의 가장 큰 문제는 '외로움'에 있었다. 남편도, 또 누구도 이해하지 못하는 자신의 문제로부터 온 외로움. 자신은 가정으로부터 도망쳐왔는데 생각처럼 쉽지 않은 결혼생활은 짙은 실망감으로 이어진다. 아마도 남편은 지금처럼 계속해서 자신을 지지해주지 못할 것이고, 여자가 느낀 것처럼 언젠가는 지쳐 그녀를 외면하거나 "제발 그만 좀 하라!"고 다그치는 순간이 닥치게 될 것이다. 그러면 여자는 방 한 구석에 쪼그리고 앉아 우울감에 빠져 있거나 눈물을 흘리며 '이 남자와 결혼을 하는 게 아니었다'는 생각에 젖어들게 될 것이다. 그리고 이 상태에서 어떤 노력을 해야 하는지에 대한 답을 찾지 못하게 된다면 '내가 다른 태양을 찾았다면 달라졌을까?' 하는 고민으로 다시 빠져들게 된다. 나는 이런 케이스를 수도 없이 보았다.

게다가 남편이라는 태양은 내 삶을 따뜻하게 비춰줄 유일한 창구가 아니라는 것을 깨닫게 되는 순간이 도래한다. '나는 이렇게 힘들고 아파하는데, 내 남자에게 다른 여자가 있네?' 그렇다. 그의 어머니. 그녀에게 또한 내 남편이라는 태양이 필요하고, 내가 그의 여자가 되었음에도 불구하고 여전히 그 태양을 통해 따뜻함을 얻기를 바란다. 나는 결국 오롯이 내 것으로만 남편을 차지하지 못한다. 그것은 처음부터 정해진 운명이었을지도 모른다. 나는 왜 몰랐을까. 이것이 이렇게 끔찍한 사실일지, 하루하루를 쓸데없는 고민으로 좀먹게 만들 커다란 악몽이 될지, 왜 몰랐을까.

"다른 사람을 만났다면 괜찮았을까요?"
"그런 생각을 안 해본 게 아니에요. 이런 환경을 가지지 않은 남자와 결혼했다면 좀 달랐을까. 그저 나만 바라봐줄 수 있고, 그에게도 신경을 많이 쓰는 어머니나…… 다른 가족들이 없는 그런 사람을 만났다면 달랐을까…… 하고요."

이런저런 이유로 결혼생활에 힘들어 하며 다른 태양을 찾아 일탈을 하는 수많은 여성들을 만나보았다. 결혼을 할 때에는 막상 그것이 최고의 도피처라고 생각했지만 뜻대로 되지 않고, 노력에도 한계가 왔을 때 어떤 여자들은 또 다른 태양을 찾아 나섰다. 하지만 그런 그녀들의 공통점은 여전히 '외롭다'는 사실이었다.

"결국은 혼자였어요, 저는. 그렇게 찾아나서는 태양도 결국은 저만의 것이 아니었으니까요. 그 태양 또한 나만 오롯이 비춰줄 수 없고, 나의 허전하고 힘든 마음, 외로움, 공허함을 모두 채워줄 수 없었어요."

그럴 수밖에. 그것 역시 제한된 태양이니까. 그 태양 곁에는 항상 사랑을 분산시키는 누군가가 존재하지 않는가. 서로 최선을 다한다 하더라도 역시 그것은 제한적일 수밖에 없다. 만약 그 존재가 사라지게 된다면 좀 나아질까? 아니, 그것은 헛된 희망이다. 그 태양에게도 자신의 첫사랑인 어머니란 존재는 여전히 있다. 그 어머니가 살아계시지 않다 하더라도 어머니에 대한 그리움과 살아계실 때 잘해드리지 못한 데 대한 죄책감은 평생 그를 따라 다닐 것이다.

한 부부는 이혼을 한 이후에 서로에게 지친 마음을 회복하기 위해 다른 태양을 만나려고 몸부림을 치고 있었다. 그중 여자쪽과 상담을 하게 됐는데, 그녀의 한 마디는 참으로 많은 생각을 하게 했다.

"벌써 몇 년째, 저만을 비춰줄 태양 같은 사람을 찾고 있어요. 너무나 노력하죠. 하지만 한 번씩, 너무 바보 같게도 그런 생각을 하게 돼요. 이혼 전에 이 몸부림만큼 내가 그와 힘들었던 그 상황을 극복하기 위해 노력했다면 어땠을까. 내가 조금 더 성숙해서 내 달도 안 되는 욕심을 조금만 내려놓고 그를 조금 더 이해하기 위해 노력했다면 어땠을까, 하고요."

그녀는 씁쓸하게 웃었고, 나는 그 순간 내 남편을 떠올렸다. 내 남편이라는 태양. 나도 그로부터 참으로 많은 배신감과 그리하여 생겨난 외로움을 부여받았다. 스물세 살이라는 이른 나이에 결혼해 20년 넘게 함께 살면서 도저히 그의 삶과 떼어놓고는 이야기할 수 없었던 그의 어머니라는 존재. 나 또한 왜 노력하지 않았으랴. 그와 또 그의 어머니와 이 모든 관계 속에서 '잘하고 있다'는 인정을 받기 위해서 말이다. 하지만 그것은 쉬운 일이 아니었다. 표면적으로 드러나는 '잘한다, 못한다'는 문제가 아니라, 끊임없이 되돌아오는 '외로움'이라는 피드백이 순간순간 나를 참으로 힘들게 만들었다.

그래도 나는 심리학자니까 항상 그를 이해해보려고 애써왔고 지금도 그러고 있다. 어김없이 '그녀'라는 그림자가 '그'라는 태양을 집어삼킬 듯 그 주위를 맴돌고 있고, 나는 그 사이에서 내가 어떻게 해야 옳은지를 끊임없이 생각하고 또 생각한다. 그럴 때 한 번쯤 '나도 다른 태양을 만났다면 어땠을까? 좀 덜 외로웠을까?' 하는 생각을 왜 안 했을까. 하지만 내가 내린 결론은 그런 것이었다.

어떻게 보면 다른 태양을 찾는다는 것 자체가, 찾아서 외롭지 않으려고 애쓰는 것 자체가 참 어리석고 무의미하다고. 인간은 근원적으로 외롭지 않은가. 나에게 딱 맞는 누군가를 찾아 내가 완전히 외롭지 않게 될 수 있다면 이 세상 모든 커플을 '함께여서 외롭지 않은 두 사람'과 '그렇지 않은 두 사람'으로 나누어도 될 것이다. 하지만 우리는 어쩌면 단 한 사람도 빠짐없이 모두가 외롭다. 앞에서도 말했지만 인간은 근원적으로 외로운 존재니까. 다만 그 외로움을 얼마나 성숙하게 내 것으로 잘 만들어 성장의 디딤돌로 삼는가, 그것에 차이가 있을 뿐이다. 그러니 다른 태양을 찾아서 외로움을 극복하기보다는 내 외로움을 어떻게 내가 갈무리하며 내 성장으로 가져갈 것인가 고민하고 답을 찾아 노력하는 게 더 빠르고 현명한 길이지 싶다.

그래서 결국은 어쩌면, 내가 처음부터 내 남편이 나만의 태양이라고 생각하고 선택한 것 자체가 잘못이었는지도 모른다.

우리는 어쩌면 단 한 사람도 빠짐없이 모두가 외롭다. 앞에서도 말했지단 인간은 근원적으로 외로운 존재니까. 다만 그 외로움을 얼마나 성숙하게 내 것으로 잘 만들어 성장의 디딤돌로 삼는가, 그것에 차이가 있을 뿐이다. 그러니 다른 태양을 찾아서 외로움을 극복하기보다는 내 외로움을 어떻게 내가 갈무리하며 내 성장으로 가져갈 것인가 고민하고 답을 찾아 노력하는 게 더 빠르고 현명한 길이지 싶다.

Chapter 2.

사랑 없는 결혼이 결혼 없는 사랑을 만든다

"차라리 이혼을 하세요."

지금 자신이 만나고 있는 여자가 너무 좋아서, 일찌감치 결혼을 한 자신이 너무 바보스럽다고 말하는 한 남자에게 내가 던진 말이다. 아내가 해주는 음식은 하나도 입에 맞지 않고, 청소하는 것, 빨래하는 것, 어느 것 하나 마음에 드는 것이 없다. 자신의 어머니에게 하는 것은 또 어떤가. 어릴 때 일찌감치 아버지를 여의고 자신을 길러내느라 어머니가 얼마나 힘들었는데. 누나들이 둘이나 있어도 계란을 몰래 숨겨뒀다 학교 가는 길에 자신의 주머니에만 넣어주곤 했던 어머니가 아닌가. 그런데 그 어머니에게 잘하려고 하기는커녕 틈만 나면 험담을 하기에 바쁘다. 그런 여자가 아니라고 생각했는데 너무 실망스럽기 그지없다. 결혼하기 전에 집에 한 번씩 초대했을 때는 선물이며 뭐며 사다 나르고 그렇게 애교를 부리더니. 결혼을 하니 그런 모습은 온데간데없고 표독스러운 아줌마만 남았다.

하지만 이 여자는 얼마나 다른가. 아내가 아닌 그녀는 상냥하고 늘 다정하다. 부모님을 생각하는 마음도 남다르다. 막내에 지 멋대로 자란 아내와 달리 첫째 딸로 동생들을 돌보며 자란 이 여자는 자신을 생각하는 마음, 부모님을 챙기는 모습이 참 성숙해 있다. 그것뿐인가. 가끔 어디 피크닉이라도 갈라치면 싸오는 도시락 속에 들은 음식들이 하나같이 자신이 좋아하는 것들뿐이다. 어떻게 눈썰미를 발휘했는지 기특하기만 하다. 왜 진작 이런 여자를 만나지 못했을까, 지나온 세월이 야속하고 정말 미안한 소리지만 아내를 볼 때마다 더 정이 떨어지는 것 같다…….

"그러니 이혼을 하시라고요. 그런 여자와 더 살면 뭐합니까."

누가 보면 나는 참 나쁜 심리학자다. 사람들이 나를 '치유심리학자'라고 부르는데, 어떻게 '이혼을 하라'고 말하느냐고 하는 사람도 종종 있다. 그러나 참 아이러니하게도 "지금 바람피우고 있는 그 여자와 더 행복하다면 차라리 다 포기하고 그 여자와 만나세요."라는 말도 나는 거침없이 내뱉곤 한다. 그렇다고 내가 '불륜을 조장하는 심리학자'인가? 아니, 그렇지 않다. 외도를 옹호하는 것도 아니다. 열정적인 사랑만이 진짜 사랑이라고, 부부사이에 금이 갔으면 가차 없이 헤어짐을 선택해야 옳다고 주장하는 것도 절대, 절대 아니다.

"그게 어디 그렇게 쉽나요. 밉든 싫든 몇 년을 같이 살았는데……. 제 사회적 위치도 있고……. 정말 답답하니 이렇게 교수님을 찾아온 거 아니겠습니까."

그렇다면 이 상태로 관계를 계속 지속하겠다는 건가? 그래도 둘이 연애해서 결혼했다고 알고 있는데, 현재 자신의 아내를 한 번도 사랑한 적이 없는 것처럼 말하는 이 남자가 나는 참 신기하다.

"그렇다면 왜 아내랑 결혼했나요? 처음부터 하지 않으면 되었잖아요."
"저도 그런 여자인 줄 몰랐죠. 생각해보면 부모님 등에 떠밀려 한 것도 있는 것 같고…… 제가 정말 그 여자를 사랑한 게 맞는지도 모르겠어요."

결국 남자는 '이혼할 것'이라는 결론을 내리지 못하고 돌아갔다. 그저

'답답하다', '시간을 돌리고 싶다'는 꿈같은 이야기만 하고서. 이러지도 저러지도 못하고, 지금 만나는 그 여자도 넘을 수 없는 벽 때문에 꽤 힘들 것인데 남자의 행동은 무책임하기 그지없다. 불륜을 부추기는 것이 아니다. 내가 가장 이야기하고 싶은 것은 결혼하기 전에 조금 더 신.중. 해.져.야 한다는 것이다.

이렇게 중요한 사실을 백 번 말해도 영혼으로 이해하고 실행하지 못하는 남녀가 열에 아홉이라 해도 과언이 아니다. 물론 나도 그 충고들을 곧이곧대로 듣지 않았다. 깨지고 박이 터지고 울고 불며 아픔의 시간들을 견디고 난 후에야 아주 조금 정신을 차렸다. 그런 후에야 내 딸부터 시작해 주위의 모든 미혼녀들에게 신신당부하게 됐다. "그의 아픔까지 사랑할 자신이 있는가?" 하지만 이 질문도 어쩌면 어리석다. 대부분이 "물론!"이라도 대답하니까. 그 질문과 대답이 정상적이지 않을 만큼, 그래, 그 정도의 사랑이라면 차라리 다행이다.

하지만 '책임'에 이끌려 결혼을 하게 되는 경우는 어떤가. 아니면 앞에서 이야기했던 것처럼 결혼이 내 삶의 유일한 탈출구라고 생각했기 때문에 선택하게 되는 경우는 어떤가. 그래서 불행해진다면, 나는 누구에게 그 불행에 대한 보상을 받아야 하나? 선택은 결국 내가 한 것인데. 부모의 압박을 이기지 못해, 이 나이에 결혼도 못하고 있는 걸 보면 주변 사람들이 날 바보로 알까 봐, 남자가 지금이 아니면 결혼을 할 수 없다고 하니까, 혹은 이 정도면 내 짝으로 나쁘지 않을 것 같아서, 이만한 사람도 없을 것 같아서……. 이유야 어쨌든 선택은 자신이 한 것이 아닌가. 불행에 대한 책임도, 그 불행을 없애려는 노력도, 결국은 자신이 해나가야 한다. 누구를 원망한들 지나간 시간과 벌어진 일들을 수습할 수는 없다.

또한 결혼은 1 : 1로 남자와 여자가 만나 둘이 하는 게 아니다. 그러니 일을 벌이기 전에 더욱 신중해져야 한다. 그의 배경과 환경을 꼼꼼히 따질 조건 목록을 만들라는 게 아니다. 적어도 그 남자가 어떤 환경에서 자랐는지, 부모와의 관계는 어땠는지, 큰 상처나 트라우마는 없는지…… 등을 아는 것은 너무나 중요하다. 그래야지만 그 남자가 이해할 수 없는 행동을 할 때 그것을 받아들이는 바탕이 좀 더 넓어지지 않겠는가?

실제로 나와 상담을 하는 한 부부는 서로가 가진 습관이나 사소한 행동들을 이해하지 못해 계속해서 잦은 싸움을 하다, 내가 충고해준 대로 밤마다 누워 어린 시절 이야기를 나누게 되었다. 두어 달쯤 지나 부부는 나를 찾아와 마치 새로운 사람을 만난 듯 서로의 이야기를 들으며 마음이 짠해지는 것을 느꼈다고 고백했다. 특히 여자는 남편이 어린 시절 어머니의 심부름으로 도박을 하러 나간 아버지를 찾으러 갈 때마다 갈등했던 이야기를 듣고 가슴이 많이 아팠다고 했다. 아버지를 모시고 나오긴 해야 하는데, 아버지가 그런 자신을 어떻게 생각할까. 이런 저런 생각에 도박장 입구 앞에서 매번 서성였다고. 남편이 그때 이야기를 어렵게 꺼내는 모습을 보고 자기도 모르게 눈시울이 붉어졌다고 했다.

"그 후로 남편을 조금은 더 이해할 수 있게 된 것 같아요."

시어머니와 시아버지의 사이에 아들이 어떤 존재로 자리했었는지를 알게 되면서, 남편이 부모를 대하는 태도나 마음이 적어도 자신을 덜 사랑해서 그렇지 않다는 것만큼은 확실히 알게 되었을 것이다. 처음 내가 그녀를 만났을 때 닉네임은 '얼음산'이었는데 이제는 '봄산'으로 바꾸고 싶다고 했다. 그녀가 변화되는 과정을 보면서 서로에 대해 알아가는 것이 얼마나 중요한지 다시 한 번 깨닫게 됐다. 또한 "결혼 전에 이런 과정을 거쳤다면 서로에게 훨씬 상처를 덜 주며 결혼생활을 시작하지 않았을까요? 무척 아쉬워요." 하는 그녀의 이야기를 들으면서 많은 남녀가 결혼을 하기 전에 서로를 알아가는 과정을 반드시 가졌으면 좋겠다는, 간절한 마음이 들기도 했다.

사랑하는 상대를 백 퍼센트 모두 알기는 힘들다. 안다고 해서 사소한 다툼마저 사라지는 것도 아니다. 하지만 조금이라도 안다면 서로를 사랑하기 위한 시작점은 벌써 다르다. 알게 되면 감당할 마음의 준비도 할 수 있고 어떤 문제가 닥쳤을 때 그것을 이해할 수 있는 폭도 그만큼 넓어진다. 이 책에서 다루고 있는 그녀, 즉 시어머니에 대한 문제도 마찬가지다. 남편이 태어났을 때 가장 먼저 만났던 존재, 어머니. 그녀가 어떤 사람이었는지, 그래서 아들의 성장과정에 어떤 영향을 미쳤는지를 아는 것과 모르는 것은 결혼생활을 행복하게 해나가는 데 결정적인 영향을 미친다 해도 지나치지 않다. 나아가 어머니는 어떤 분이셨는지, 아들을 어떻게 키워왔는지…… 그것을 알게 된다면 나중에 사소한 문제들로 남자를 들들 볶는 일은 적어도 줄일 수 있다.

하지만 대부분의 여자들은 이미 내 남자를 '다 안다'고 생각한다. 그와 진지한 대화를 나누어보지 못한 상태에서, 그를 사랑하고 있으니 그의 모든 것을 아는 것인 양. 하지만 이렇게 아무것도 모르는 여자는 자신이 몰랐던 많은 것들 속에 이리 치이고 저리 치이다가 결국 뜻대로 되지 않는 상황 속에서 남편만 들들 볶게 되고, 결국 남편을 지치게 만드는 존재가 되고 만다. 옆에 있는데도 외롭다고 앙탈부리고, '어머니냐, 나냐?' 하며 피할 수 없는 선택을 강요한다. 그런 여자는 남자에게 자신을 지금껏 키워주고 내리사랑해준 내 남자의 어머니를 질투하는 아주 '질 낮은 여자'로 전락하게 된다. 그렇게 되면 남자는…… 그런 여자를 떠나고 말 것이다.

그녀와 내가 맞장 뜨면,
그는 바람과 함께 사라진다
―온전히 내 편이 될 수 없는 남편을 받아들이는 법

　심리학자들뿐 아니라 대부분의 학자들이 인간의 관계 특히 남녀 관계에서 빼놓지 않고 이야기하게 되는 것이 바로 부모와의 '애착관계'에 대한 것이다. 애착관계에 대한 것은 앞에서도 한번 구체적으로 이야기한 바 있다. 애착관계를 심도 있게 연구한 심리학자 '존 볼비(John Bowlby)'는 한 개인의 애착 상태가 다른 사람들과의 관계를 결정하는 근본적인 결정인자라고 말했다. 즉 어릴 때 부모로부터 안정적인 애착관계를 형성한 경우라면 상대방을 대할 때나 상대에 대해 생각하는 것 역시 긍정적이며, 자신에 대해서도 비교적 긍정적인 평가를 하고 능력 또한 높다고 생각하게 된다. 반대로 불안정한 애착관계를 형성한 경우에는 상대에 대해 늘 방어적인 태도를 갖게 되고 거절당하는 것에 대해서 불안해한다든가, 항상 삐딱한 자세로 상대방을 바라본다든가, 자신의 능력을 굉장히 비하하는 등의 모습을 보이게 된다.
　그런데 이러한 사실을 알고 있는 경우는 많지 않다. 보통 '아이가 엄마를 많이 닮았네' 정도로 인식할 뿐 어머니와 아이의 관계가 그 아이가 자라서 형성하는 대인관계에까지 영향을 미칠 거라고는 생각하지 못할 것이다.

모르는 것은 '어쩔 수 없다'고는 하지만, 이 무지함이 얼마나 큰 불행을 낳는지에 대해서는 수많은 사건사고가 사람 사이의 관계, 특히 남녀 관계로부터 발생한다는 사실만 봐도 알 수 있다. 그것은 비단 '나는 너를 사랑하는데 너는 왜 나를 사랑하지 않아!' 하는 문제로 시작되어 벌어지는 일만은 아니다. 이는 누가 누구를 사랑하는 문제를 넘어, '제대로 사랑하고 받는 법'을 터득하지 못한 건강하지 못한 자아에서 비롯된 문제다. 그리고 그 건강하지 못한 자아는 바로 어릴 적 부모와의 잘못된 애착관계에서 출발한다.

'내 행동과 말이 내 아이에게 어떤 영향을 미칠까?'

아이는 울고 내 말을 잘 듣지 않는다. 생전 처음 엄마라는 역할을 감당하는 여자는 이 상황이 당황스럽다. 그러니 이런 생각(애착관계에 대한 것까지)을 제대로 하며 더 나은 방향으로(혹은 교과서에서 가르쳐주듯) 아이를 양육하기란 참으로 어렵다. 아이가 말을 잘 듣게 하기 위해 갖은 수를 쓰고, 나 또한 어릴 적 툭하면 나를 엄하게 혼내고 압박을 가하던 부모가 싫었으면서도 아이에게 똑같은 행동을 하고 있는 자신을 발견할 때가 있다.

존 볼비는 부모와 아이가 나누는 사랑을 애착관계로 설명하면서, 이 애착관계에도 여러 유형이 있다고 설명한다. 애착관계 중에는 안정애착이 있고 불안정애착이 있는데, 여기서 불안정애착은 또 여러 유형으로 나누어진다. 회피성 애착, 양가적 애착, 혼돈적 애착이 그것이다.

안정애착은 말 그대로 양육의 질이 높고 아이에게 긍정적이고 편안한 영향을 미치는 경우를 의미한다. 부모가 안정적으로 아이와 의사소통을 하고, 아이의 질문이나 반응, 욕구에 잘 응대를 해준다. 부모 또한 완벽한 존재가 아니기 때문에 때때로 실수를 할 때도 있지만, 그 사실을 부모가 인정하고 받아들이며 아이와 함께 문제를 해결해나간다. 아무것도 인지하지 못할 것 같은 어린 시기일지라도 엄마는 아이와 끊임없이 소통을 시도하며 아이가 부모와 신뢰를 갖고 깊은 사랑을 나눌 수 있도록 유도한다. 그러면 아이는 점점 더 안정된 상태로 부모와 애착관계를 형성하게 된다.

그런데 불안정애착은 이와 반대의 모습을 드러낸다. 한 예로 내담자 '소망'님은 남편이 자신의 말에 귀를 기울이지 않는 것은 물론, 어떤 일에도 동요하지 않는 자세에 화가 나 있었다. 결혼 전에는 매사에 철두철미하며 자신의 의사대로 밀어붙이는 자신감 있는 모습이 상당히 매력적으로 다가왔다. 우유부단했던 자신의 아버지와는 달리 다부지고 똑부러진 결단력이 좋아 보였던 것이다. 하지만 결혼 후 너무나 메마른 그의 내면을 보면서 그가 보여주었던 장점들은 그의 단점들로부터 에너지를 끌어온 것이었음을 이해하게 됐다. 즉 다른 사람들의 이야기에 귀를 기울이거나 충고를 받아들이기보다 철저하게 자신의 의사에 따라 삶을 이끌어오고, 힘들고 어려운 상황에서는 고개를 돌려버리는 그의 회피적인 행동들이 자신감 있는 모습으로 보였던 것이다.

그런가 하면 남편이 의처증이 있다고 호소하던 내담자도 있었다. 남편은 자신과 함께 있을 때는 더없이 잘하다가도 자기가 잠시만 자리를 비워도 전화에 불이 난다고 했다. 일을 마치고 들어오면 여지없이 화를 내고 닦달을 해서 한시도 편안할 날이 없다고. 왜 이 남편은 아내의 부재를 견디지 못하는 것일까? 부모와의 잘못된 애착관계에서 형성된 성격 때문은 아닐까?

이런 사례도 있다. 내담자 중 '카오스'님은 가끔 힘겨운 자신과의 싸움을 한다. 회사에서 중요한 프로젝트를 진행하고 그에 대해 발표를 해야 할 상황이 오면 아침부터 긴장이 되어 실수를 남발하기 시작한다. 찻잔을 깨고 물건들을 떨어뜨리는 것은 물론, 발표를 잘 하다가도 질문이 들어오면 일순간 머릿속이 하얘진다. 말이 안 나오고 눈만 껌뻑이며 심장은 점점 조여오는 것만 같다. 이런 일은 벌써 몇 번이나 반복되었다. 대체 무엇이 카오스님을 이렇게 만들었는가?

불안정한 애착관계에 대한 답을 제시해준 것은 단순한 이론이 아니라 과학적 근거를 바탕으로 한 실험에 의해서였다. 존 볼비의 제자인 아인스워스(Ainsworth)가 한 '낯선 상황 실험'이 이 연구를 뒷받침해주고 있다. '낯선 상황 실험'은 몇 가지 상황을 통해 아이들의 애착을 유형별로 나누고 있다. 실험의 내용은 이러하다. 아이와 함께 있던 부모가 잠깐 자리를 비우게 됐을 때 아이들이 어떤 반응을 보이는지 관찰하는 것이다.

먼저 회피성 애착을 보이는 아이의 경우 엄마가 잠깐 떨어졌다 돌아오면 아무렇지도 않은 척한다. 엄마가 없어져도 아무렇지도 않았다는 듯 어떠한 곳에 몰두를 하거나 탐구하거나 집중한다. 남들이 보기엔 굉장히 어른스러워 보인다. 하지만 실은 아이는 지금 이 낯선 상황, 엄마가 나를 거절했다는 사실을 회피하고 있다. 이럴 경우 아이는 거절을 받았다는 사실에 화가 나지만 이를 짐짓 억압하고 때로는 자신의 감정 자체를 아예 제거해버리려고 한다. 그러다 보면 결국 아이는 감정에 동요하지 않는, 공감능력이 떨어지는 성격으로 자라게 된다.

양가적 애착의 경우 아이는 엄마가 돌아왔을 때 엄청난 분노와 짜증을 낸다. 나를 또 한 번만 이렇게 내버려두면 가만있지 않겠다는 자신의 욕구를 표출한다. '다시는 이런 상황을 만들지 말라, 날 놓고 어디에도 가지 말라!'는 표현을 확실하게 하는 것이다. 자신의 분노와 짜증으로 인해 절대 같은 상황을 만들지 못하게 하려는 의도를 공격적인 행동을 통해 드러낸다.

혼돈적 애착은 앞의 두 가지 유형에 비해 나중에 발견되는데, 아주 피학적(심한 학대나 비인간적인 대우를 받는)이거나 엄청나게 공격적인 상황이 닥쳤을 때 15~30초의 일시적인 공황이 오는 경우다. 이런 상황이 닥치지 않았을 때는 드러나지 않으므로 초기에 발견되기가 힘들다. 부모가 싸울 때 갑자기 아이의 동공이 풀린다거나 쓰러지는 현상을 보이게 된다.

내가 이 이야기를 꺼낸 것은 이제부터 꺼낼 아주 우습지(?)만 진실인 상황 때문이다. 혹시 벌써 눈치 챘는지도 모르겠지만, 남자들은 자신의 엄마와 어떤 애착관계를 형성했느냐에 따라서 결혼생활에서도 문제에 대응하는 방식이 달라진다. 특히 자신의 아내와 어머니 사이에 갈등이 생겼을 때, 마치 엄마가 자신을 떠났을 때처럼 불안정한 상태가 되면서 그동안 형성해온 애착관계에 대한 반응이 나타나게 되는 것이다.

자, 우리와 시어머니가 지금 갈등상태에 있다. 내 남편은 어떤가? 뭔가 갈등이 생길 듯한 낌새만 보여도 바람과 함께 휘리릭- 사라지는가? 그렇다면 그는 회피성 애착 유형에 속하는 사람이다. 유아기 때 회피성 애착을 보인 사람은 성인이 되어서도 회피성 성격장애를 보일 가능성이 높다. 이런 사람들 중에는 순간 그 상황에서 벗어나기 위해 다른 선택을 하게 되는데, 나중에는 습관적으로 모든 골치 아픈 상황들에서 벗어날 수 있는 돌출구를 마련하게 된다. 책, 일, 운동, 바깥에 있는 다른 잡기들로 빠지는 경우가 그렇다. 내가 아는 남자는 아내가 자녀교육에 대한 문제를 토로하거나, 시어머니 욕을 하기 시작하면 그 길로 나와 PC방에서 밤새도록 스타크래프트를 한다고 했다. 중·고등학교에 다니는 남자아이 이야기가 아닌, 40대 중반 남성의 이야기다.

그 외 다른 유형을 보이는 남자들도 종종 있지만, 굳이 이 꼭지의 제목을 이렇게 단 것은 대한민국의 대부분의 남자들이 '회피성' 유형에 속하기 때문이다. 그래서 여자들은 가정에서 일어나는 문제를 남편과 마주 앉아 '해결'할 수 없다는 것에 큰 답답함을 느낀다.

"아니, 내가 있다고 해서 우리 어머니와 아내의 싸움이 해결이 되는 건 아니잖아요?"

남자들은 답답하다며 이렇게 이야기한다. 하지만 적어도 어머니와 아내가 어떤 문제로 싸우게 됐는지를 알게 된다면 아내가 억울한 상황을 당하는 것을 막을 수는 있지 않겠는가. 대부분 시어머니와 며느리의 싸움에서는 며느리가 나쁜 사람이 될 가능성이 매우 높다. 그래서 남편이 그 자리를 회피할 경우 정확하게 상황을 보지 못하게 되고 아내를 이해하지도 못한 채 모든 상황은 아내의 잘못으로 마무리될 가능성이 크다. 서러운 아내는 감정적으로 치닫기 마련이고, 얘기를 귓등으로 듣는 남편의 등 너머에서 밤새도록 바가지를 긁거나 눈물을 흘리는 상황이 연출된다.

게다가 이 사건에 대해서 어디 아내만 이야기를 하겠는가. 당연히 남편의 어머니인 그녀도 아들에게 끊임없이 이야기를 늘어놓는다. 마치 곧 죽을 것처럼 힘이 빠진 목소리로 정말 억울하다, 늙으면 죽어야 한다, 남편 복 없는 여자는 며느리 복도 없다더라…… 하며 신세한탄을 늘어놓는다. 아들은 엄마의 이야기를 더 믿게 되는 것이 당연하고 결국 "우리 엄마는 그럴 리가 없다"며 아내를 나무라는 상황까지 가기도 한다.

하지만 세상의 모든 남자들이여, 그걸 아는지. 실제로 살아오면서 아들에게 한 번도 보이지 않았던 엄마의 모습을 며느리에게 보이는 경우가 있다는 걸 말이다. '우리 엄마는 그럴 리가 없는' 게 아니라 '충분히 그럴 수 있다'! 이건 〈사랑과 전쟁〉에 나오는 이야기가 아니라, 실제로 일어나고 있는 일이다. 아내가 2~3배쯤 과장해서 지어내는 이야기가 아니라, 아들의 사랑을 독차지해버린 며느리에 대한 미움 때문에 순간순간 참지 못해 튀어나오는 분노와 질투의 표현이다. 어머니 역시 완벽히 성숙한 인격체가 아니지 않은가. 여전히 남자들은 '우리 엄마가 그랬을 리 없다'고 말하지만 결혼 후 30년이 지나서야 어머니가 자신이 듣지 않는 곳에서 아내에게 던지는 잔소리와 핀잔들을 듣고는 큰 충격을 받았다는 경우도 수없이 보았다. 거짓말이라고 할지 모르겠지만 실제로 그런 상담 사례는 얼마든지 있다.

그러니 바람과 함께 사라지기 전에 남자들은 아내의 마음을 들여다보고, '진짜 상황'이 무엇인지 귀찮고 피하고 싶겠지만 한 번쯤 찬찬히 들어보고 문제를 해결할 수 있는 방법을 찾아볼 필요가 있다. 여자 또한 불안정한 애착관계를 형성하며 자라온 남자가 이런 상황에 적절히 대처할 수 있는 성숙함을 갖고 있지 못하다는 것을 인정하고, 서로 변해갈 수 있는 방법을 찾아보려는 노력이 필요하다. 내 남자도, 나도, 내 남자의 그녀도, 결국은 모두 불완전한 존재들이기 때문이다.

실은, 내 남자도 다른 길에 대한 미련이 있다
— 결혼의 이유를 되짚어보는 법

"저도 정말 이렇게 살고 싶지는 않았습니다. 이게 내가 생각한 결혼도 아니었고, 내가 꿈꾸던 아내의 모습도 아니었어요……."

뜬금없이 이게 무슨 말인가, 내 앞에서. 대체 나이가 몇인데……. 벌써 쉰이 다 된 양반이 울부짖듯이 토해내는 이 말들은 결혼에 대한 깊은 배신감을 담고 있었다. 여자는 결혼을 하면서 자신만을 바라봐줄 태양을 꿈꾸지만, 남자들도 결혼을 통해 안전한 베이스캠프를 마련할 것이라는 기대를 품는다.

"선생님이 꿈꾸었던 삶은 어떤 것이었나요? 어떤 아내를 원했나요?"

남자는 머뭇거리다 이야기를 꺼냈다.

"난 외로운 우리 어머니를 함께 보살펴줄 수 있는 착한 아내를 원했어요. 어릴 때 지켜본 어머니는 너무 외로운 사람이었고, 결혼을 하면 아내와 함께 그런 어머니의 외로움을 채워줄 수 있는 가족의 울타리를 만들고 싶었던 겁니다. 아내와 함께 가정을 꾸리고 어머니와 함께 그 가정 속에서 행복을 찾아가고 싶었어요. 그런데 아내는 그런 사람이 아니었습니다. 모든 게 엉망이 되어버렸어요. 어머니는 그때보다 더 외로워진 것 같아요. 모든 게 제 잘못입니다."

여자를 잘못 선택해서 어머니를 더욱 외롭게 만들었다? 그렇다면 그건 지금 내 앞에 있는 이 남자의 잘못이겠지만, 조금 더 거슬러 생각해보면 이 남자가 결혼을 해야 하는 대상은 누구인 건가? '사랑'하기 때문에 함께하고 싶은 아내가 아니라 어머니를 돌봐주고 어머니와 함께 외로움을 채워나갈 수 있는 사람이어야 한다는 건가?

"어머니를 보살펴 드릴 여자를 얻어야 했군요."

'그렇다면 어머니를 평생 돌볼 수 있는 가정부 같은 여자를 얻지 그랬어요. 돈만 제때 갖다 준다면 찍소리 하지 않고 어머니 곁에 꼭 붙어 있을 텐데.' 나는 차마 이 말을 잇지 못했다. 남자는 "그건 아니"라고 했지만 딱 잘라 말해 이는 사실이다. 대한민국의 많은 아들들이 이런 잘못된 생각을 갖고 있다는 걸 아는지. 그래서 '연애는 예쁜 여자와, 결혼은 착한 여자와'라는 말도 아무렇지 않게 하지 않는가. 이 얼마나 못된 말인가.

　이왕이면 연애도 예쁘고 착한 여자, 결혼도 예쁘고 착한 여자랑 하지 왜? 예쁜 여자는 착하지 않을 거라는 편견도 이 말 안에 들어 있다. 어쨌든 남자들이 '착한 여자'와 결혼해야 한다고 생각하는 것은 자신의 부족함을 받아들여주며 평생 군소리 없이 함께 갈 수 있는 여자를 얻겠다는 안일한 생각이 한몫을 한다. 앞의 남자가 이야기한 것처럼 특히 자신의 원가족들을 잘 보살피며 부모에게도 잘해줄 수 있는 여자를 얻고 싶다는 욕망은 모든 남자들의 바람이라고 해도 과언이 아니다. '어른에게 잘하는 싹싹하고 착한 여자' 말이다.

　그런데 그걸 다 알면서도 남자는 왜 잘못된 선택을 했을까. 이렇게 잘 알고 있으면서, 그래서 예쁜 여자를 포기하고 착한 여자와 결혼했는데 왜 이 착한 여자는 나의 어머니를 잘 보필하지 못하는 걸까? 알콩달콩 나보다 더 나의 어머니를 아끼고 사랑하며 잘 지낼 거라 기대했던 나의 아내는 왜 생각만큼 잘 해내지 못하는 걸까? 그리고 그 갈등은 번번이 내게 불똥으로 튄다. 처음에는 투덜대는 것으로. 나중에는 잔소리로, 그 다음에는 눈물로, 이제는 짜증으로, 화로, 분노로……. 나는 배신감을 느낀다. 원래 이런 여자였나? 내가 사람을 잘못 봤나? 벌써 쉰이 다 된 남자, 결혼생활을 20년이 넘게 한 남자 입에서 "이런 여자인 줄 몰랐다"는 울분이 토해져 나오는 걸 보면서 내 마음은 더 울분을 토할 것 같은 억울함에 사로잡혔다. 그리고 그 불똥은 그날 저녁 내 남편에게로 튀었다.

"당신, 나와 결혼한 거 후회해?"

"설마, 그럴 리가 있나. 철없는 날 이렇게 만들고 자식들도 잘 키우고 우리 엄마한테도 이렇게 잘하는데······."

그래서 후회하지 않는 걸까. 내가 남편에게 잘하고, 자식들을 잘 키우고, 자신의 엄마한테도 잘해서? 보석 같은 나를 얻은 것, 보아도 보아도 질리지 않고 여전히 다른 젊은 여자들이 눈에 들어오지도 않을 만큼 내가 괜찮은 여자라고 느껴져서가 아니라, 내가 자신이 이루고자 했던 꿈들 속에 잘 섞여 그 꿈에 흠집을 내지 않고 잘 가고 있어서? 나는 남편이 최선을 다해 한 그 대답에 고마워해야 한다는 걸 알면서도 낮에 있었던 한 남자와의 상담 때문에 여전히 신경이 날카로워져 있었다. 이럴 때면 내 직업 때문에 남편이 받는 스트레스에 눈감고 있는 나를 발견한다. 참 미안한 대목이다.

자신이 한 잘못된 선택에 대한 생각은 하지 않는 그들. 그러면서 지금 불만족스러운 삶에 대해 '이랬다면 얼마나 좋았을까' 하고 가지 않은 길에 끊임없이 후회와 미련을 두고, 꿈을 꾸고, 목말라하는 남자들을 대체 어떻게 이해하면 좋을까. 물론 충분히 이해한다. 나를 있게 하고, 나를 고생스럽게 키워낸 나의 부모를 자신의 부모처럼 사랑하고 존경해줄 수 있는 배우자를 찾고 싶어 하는 그 마음. 그것마저 잘라버릴 수는 없다. 내가 내 남편을, 내 아내를 사랑하는 만큼 그 사람의 부모를 이해하고 사랑해야 한다는 건 당연한 일이 아닌가.

하지만 그것이 전부가 되어서는 안 된다. 내 남편은 왜 나를 선택했을까? 나는 예쁘고 착한 여자일까? 아니면 착하기만 한 여자일까? 어쨌든 그의 어머니를 잘 보필해줄 사람으로 나를 선택한 거라면 나 또한 그런 남편을 참기 힘들 것이다. 그의 어머니 또한 전보다 더욱 더 미워질 것이다.

내 주변의 몇 안 되는 지혜롭고 성숙한 지인이 하루는 내게 이런 말을 한다.

"결혼해서 20년 동안 열심히 살았어요. 그런데 오늘부터 며칠…… 앞으로 또 이 사람과 20년을 더 살지 고민해보려고요."

이게 무슨 소리인가? 잉꼬부부라 소문이 자자할 만큼 그들이 얼마나 다정한지는 주변이 다 아는 일인데. 갑자기 머릿속이 복잡해졌다. 그즈음, 내게도 결혼기념일이 임박해 있었고 마침 20년이 되는 해였다. 그분의 말이 의미 있게 다가와 며칠 나도 진지하게 고민을 했다. 갈등의 골이 깊어져 결국 쇼윈도 부부로 살아가는 많은 부부를 얼마나 많이 보아왔던가. 체면문화 때문에 헤어지지는 못하고 같이 살면서도 서로의 관계를 수면아래 잠재우고 그저 '보여지는' 부부로 살아가는 부부란, 진정 부부라 할 수 있을까?

나는 그날 밤 남편과 함께 속 깊은 대화를 오래도록 나누었다. 그리고 함께 하나의 가정을 이루고 사는 두 주체로서 서로의 관심과 욕구가 무엇인지를 더 알아가자고 다짐하면서, 새로운 20년 결혼 서약서에 도장을 찍었다.

누구나 한 번쯤은 다른 길에 대한 미련을 둘 수 있다는 걸 안다. 그것을 바깥으로 끄집어내어 이 남자처럼 고민을 할 수도 있고, 그래봤자 지금보다 낫지 않을 거라며 더 노력하는 길을 찾을 수도 있다. 하지만 '남편이 아내를 선택한다'는 일방적인 상황을 떠나 아내의 인생을 한번 생각해보면 어떨까. 그녀는 과연 '남편의 어머니를 잘 보필하는 가족의 구성원으로서 착한 아내'가 되기 위해 결혼을 하려고 한 것일까? 그녀는 왜 결혼을 한 것일까?

나는 세상의 모든 남자들에게 물어보고 싶다.

"당신이 꿈꾸었던 삶은 어떤 것이었나요? 어떤 아내를 원했나요?"

답을 찾았다면 남자들이여, 이번에는 자신의 아내에게 똑같은 질문을 해보라.

"당신이 꿈꾸었던 삶은 어떤 것이었나요? 어떤 남편을 원했나요?"

양옆에 두 여자를 끼고도
내 남자는 외롭다고 말한다

―내 남자가 바람을 피우는 이유 I

《마흔의 심리학》이라는 책에 이런 이야기가 나온다.

한 남자가 외도를 했다. 그의 아내는 남편이 만나고 있는 여자가 얼마나 괜찮은 여자인지 궁금하다. '나보다 많이 배웠나? 미모가 뛰어난가?' 그렇게 해서 여자를 찾아가 보니 부스스한 펌을 한 평범한 아줌마가 아닌가. 뒤통수를 맞은 듯한 느낌에 주저앉고 만다. 내 남자가 빠진 여자는 여우같은 여자, 꽃뱀 정도는 될 줄 알았는데 기준에서 벗어나도 너무 벗어난 이 여자. 대체 내 남자가 어쩌다 이런 여자에게 빠졌을까, 고민을 하다 남자에게 퍼붓는다.

"수준 좀 높여!"

그런데 남편의 대답이 여자를 더 망연자실하게 만든다.

"그녀는 나를 있는 그대로 받아주고 나를 편안하게 해줘. 내 말에 귀를 기울여주고 내 말에 웃어주지. 내게 따듯한 밥도 지어주고 말이야."

한때 인기를 모았던 〈욕망의 불꽃〉이라는 드라마에서도 비슷한 내용이 나왔다. 정략결혼을 한 주인공이 모든 조건에서 뒤지지 않는 여자와 결혼했지만 회사문제 때문에 내려가게 된 어촌 마을에서 한 여자와 진짜 사랑에 빠지게 된다. 그것도 그 마을에서 혼자 식당을 하고 있는 시골 여인에게 말이다. 그녀는 자신의 아내보다 훨씬 더 가진 것도 없고 사회적으로 봤을 때 부족한 사람이었지만, 그녀의 건강한 목표와 삶의 가치관, 지역사회를 따뜻하게 보듬는 일을 하는 것을 보면서 깊은 사랑을 느끼게 된다. 그것을 보며 이러한 감정의 변화가 어떤 면에서는 당연한 것이라 여긴 내가 잘못된 것일까?

나는 불륜을 미화하고 싶지도, 불륜을 정당화하고 싶지도 않다. 다만 우리가 착각하고 있는 것, 우리가 인정하고 싶지 않은 것에 대해서 똑바로 이야기해주고 싶다. 불륜이란 요망한 계집이 내 남자를 홀려서 있는 것 없는 것 다 빼먹고 의도적으로 가정을 깨어놓기 위해 벌이는 작당이 아니라는 것. 내 남자와 바람이 난 그 여자가 '누구'인가와 관계없이 결혼생활로 돌아와 따져보면 그 결혼생활에 결코 진정한 사랑이 없었던 건 아닌지 생각해보게 된다. 그저 '아내'와 '남편'이라는 역할놀이만 해오고 있었던 건 아닌지. 남편으로서 혹은 아내로서 그냥 사랑 없이 아이 때문에 혹은 여태껏 쌓아온 각자의 삶의 유산들 때문에 어쩌지 못하고 살아가는 것은 아닌지.

그렇다면 그것은 실패한 결혼이다. 그 실패를 인정하지 못하고 서로의 외도를 비난하며 '절대 그것만은 안 된다'고 떼쓰고 있다면 그건 헛된 몸부림일 뿐이다. 이런 경우에의 불륜은 재고해봐야 한다. 그렇게 가는 것이 당연하고 말하는 게 아니라, 더 이상 깨어진 가정 안에서 발버둥 치며 에너지를 낭비할 필요가 없다는 것이다.

물론 그것보다 더 중요한 것은 결혼 안에 '사랑'이 있게 해야 한다는 사실이다. 이번 챕터의 큰 제목에서 이야기하듯 '사랑 없는 결혼은 결혼 없는 사랑을 만든다'. 차마 다 밝힐 수는 없지만 결혼한 지 얼마 안 되는 20대부터 40~50대까지, 불륜이나 외도에 대한 사례는 너무나 많다. 이만큼 많은 남녀 관계가 깊은 병이 들었다고 해도 과언이 아니다. 특히 자신의 남편이 바람을 피우고 있다고 토로하는 여성들을 보면서 나는 한없이 안타까운 마음에 그녀의 어깨를 쓸어주기도 하고, 조급하고 긴장된 마음에 차가워진 손을 꼭 잡아주기도 한다. 하지만 결국엔 결코 일방적인 한 사람만의 잘못 때문에 벌어진 일이 아니라는 것을 받아들이게 하기 위해 애쓴다. 다른 누군가를 찾는다는 것은 '외롭기' 때문 아닌가. 상습적으로 계속해서 다른 여자들을 만나며 아내를 그저 집안에 박아두고 집이나 지키는 바둑이만도 못하게 여기는 남자라면 당장 사형에 처해도 시원찮겠지만, 그게 아니라면 내 남자가 왜 외로워하는지 그 이유도 반드시 생각해볼 필요가 있다.

나는 따뜻한 밥 한 끼로 그의 외로운 마음을 달래줄 시도를 해본 적이 있는지. 내가 혹시 그가 하고 싶은 이야기를 진지하게 경청해주지 않은 건 아닌지. 일방적으로 시어머니에게 아이들에게 치인 내 심정을 토로하기 위해 가뜩이나 일에 지친 남자를 밤새도록 들들 볶기만 한 것은 아닌지. 여우같은 아내도, 착한 아내도, 그 무엇도 아닌 모습으로 그저 '살아내는' 것에만 급급해 남편을 뒷전으로 여긴 건 아닌지. 그가 그토록 아끼는 '엄마'라는 존재가 이 세상에서 사라져버렸으면 좋겠다는 마음을 노골적으로 드러내어 그에게 상처를 준 것은 아닌지.

내 남편을 나보다 훨씬 못하다 여겨지는 여자에게 뺏기지 말라. 사랑해서 결혼했다면 그 결혼 속에 여전히 사랑이 머물게 하라. 처음부터 사랑인지도 모르는 상태에서 결혼을 시작해, 자꾸만 어긋나는 두 사람을 발견했다면 일찌감치 그 삶에 대해 서로 타협안을 찾아보아야겠지만, 그게 아니라면 한 걸음 더 다가가 내 남자에 대해 알아보기 위해 애써라. 절대 '결혼'이라는 제도 안에서 자유롭고 행복할 권리를 포기하지 말자. 자신만 바라보고 있는 두 여자에게 충족하지 못한 남자가, 밥 지어주고 자신의 이야기에 웃어주는 펌 머리 아줌마를 찾게 하지 말라.

내 주소록에 있는
수많은 그녀들
―내 남자가 바람을 피우는 이유 II

"교수님, 이거 보실래요?"

그녀가 내게 핸드폰을 들이민다. 주소록에 쫙 뜬 여자 이름 목록. 그 여자1, 그 여자2, 그 여자3······.
"이게 뭐예요?"
"뭐긴 뭐예요, 내 남자가 그동안 만나온 그 여자들 번호죠."

나는 더 이상 말을 잇지 않았다. 그녀의 남편은 그동안 수도 없이 바람을 피워왔다. 나는 그녀에게 말했다. 모든 사람의 행동에는 그 행동을 유발하는 배경이 있다고.

"한 남자가 한 여자를 때려요. 툭하면 손을 대죠. 하지만 밤만 되면 남자는 여자의 손을 꼭 잡고 잡니다. 그러니 이 여자는 맞는 것도 치가 떨리는데 때리고 나서 손을 잡고 자는 이 남자는 더 치가 떨립니다. 여자가 이 말을 늘어놓을 때 나도 그 이야기에 공감을 하며 말했죠. '그 남자, 참 나쁘네요.'라고 말예요. 그러면서 '그럼 이혼을 하면 될 거 아녜요?' 하고 내가 한계 상황을 설정하자 여자는 한숨을 내쉬며 이야기했어요. 그 남자가 자기 손을 잡을 때의 절박한 표정, 그 모습이 너무 안타까워서 지금껏 이러지도 저러지도 못하고 있다고 말입니다. 더욱이 자신이 이혼한 부모 밑에서 자랐기 때문에 자신의 아이들만큼은 결손 가정에서 자라게 하고 싶지 않아서 이렇게 살고 있다고요. 나는 당장 그녀의 남편을 만나봐야겠다고 생각했어요. 그리고 만났죠."

남편은 예상 외로 포악하거나 과격한 성격의 소유자가 아니었다. 그는 조곤조곤 자신의 어린 시절에 대한 이야기를 이어나갔다.

"다섯 살에 부모님이 야반도주를 했어요. 나를 할머니에게 데려다주고 도망간 거죠. 난 다섯 살밖에 되지 않았지만 동물적으로 알았습니다. 부모님이 나를 거기에 버려두고 갈 거라는 사실을요. 눈을 뜨고 절대 안 자리라 다짐하고 다리를 꼬집고 고개를 흔들었지만 결국 잠이 들고 말았어요. 엄마가 나가는 부스럭거리는 소리에 놀라 눈을 딱 떴는데, 그때 엄마와 눈이 딱 마주친 겁니다."

나는 강의할 때 늘 학생들에게 물어본다. "이럴 때 엄마는 어떻게 해줘야 하느냐?"고. 그러면 열심히 공부한 학생들은 대답한다. "가서 한

번 안아주어야 한다."고. 그런데 그 엄마는 그러지 않았다. 눈이 마주친 순간 아들에게 "눈 못 감아!" 하고 소리를 윽박지른 후 가버렸다. 이 아이는 눈을 감고서 내일이라는 게 오지 않고, 해도 뜨지 않고, 그저 눈을 감은 채 이대로 영원히 있었으면 좋겠다는 생각을 했다고 한다.

"남자가 그 말을 하는데 아내에게 그동안 했던 모든 행동들이 이해가 되더군요."

이래서 상담자는 윤리학자나 율법학자가 될 수 없나 보다. 누가 잘했다, 잘못했다고 꼭 집어 말할 수 없기 때문에.

"저는 아내가 너무 사랑스럽고 좋습니다. 하지만 나를 버린 엄마를 용서하지 못한 것 같아요. 그래서 아내에게 엄마를 덧씌워서 그 분노를 표현하고, 또 한편 그래놓고 나면 아내가 도망갈까 봐 손을 꼭 잡고 잠이 들고……."

남자는 덩치가 큰 건장한 사내였지만 아직도 그 안에는 다섯 살짜리 아이가 있었다.

"혹시 남편이 그렇게 수많은 여자들과 바람을 피울 수밖에 없는 어떤 이유가 있다는 생각은 해보지 않았나요?"

여자는 내 질문에 인상을 찌푸렸다. 고민거리를 안고 와서 내게 여자들 목록까지 보여주었지만, 실은 그녀는 쿨하지 못했던 것이다. 그녀 얼굴에 웃음기가 싹 가셨다. 지금 그녀는 자존심이 상한 것이다. 맞다. 참 얘기하기 어렵고, 여자로서 자존심 상하는 일이다. 하지만 이제 나도 이런 돌직구에 대해 따귀를 맞을 각오 정도는 되어 있다. 내가 이렇게 하지 않으면 문제가 해결되기는커녕 상처만 더욱 깊어질 뿐이다.

나도 이 문제에 대해서는 비껴가지 않는다. 언젠가 내게도 이런 일이 일어났었다. 그때 나 또한 여느 여자처럼 처음엔 분노하고 어떻게 문제를 해결해야 할지 몰라 흔한 말로 '멘붕' 상태에 빠졌다. 하지만 나는 거기서 무너질 수 없었다. 또 쿨할 수 있는 여자도 아니었다. 머리가 빠질 만큼 책상 앞에 앉아 성한 머리카락을 쥐어뜯으며 고민을 해보기도 했고, 그녀(실은 '그년'이라고 말했다)를 찾아가 어떻게 된 일인지 이야기라도 들어보고 싶은 마음도 있었다. 모든 이성적인 고민 끝에는 항상 '왜 대체 내게 이런 일이 생긴 걸까?'라는 추상적이면서 말도 안 되는 질문만이 남아 있었다.

하지만 나는 명색이 심리학자가 아닌가. 시간이 흐르면서 조금씩 이성을 되찾았고 남편을 분석해보게 됐다. 그러면서 처음으로 자신의 아내를 때렸다는, 그 남자의 괴로운 고백처럼 내 남편의 여러 면에 대해서 새로운 것들을 발견하게 됐다. 남편의 성장배경, 아버님과 어머님의 양육방식, 남편과 어머니의 애착관계, 남편의 인성에 결정적인 영향을 미쳤던 크고 작은 에피소드들……. 이런 것들을 파악하고 나니 처음보다 훨씬 그의 행동을 이해하게 됐고, 문제를 해결하기 위한 열쇠도 쉽게 찾을 수 있었다..

나는 아주 솔직담백하게 남편에게 이야기를 꺼냈다. 그리고 남편이 왜 그런 행동을 했어야 했는지에 대해 성장 배경과 함께 이야기를 해주었다. 그러자 남편도 '아…… 내가 그래서 그럴 수도 있었겠구나.'를 인정하며 자신을 알아가는 과정을 갖게 됐고, 더는 같은 실수를 반복하지 않기 위한 노력을 시작할 수 있게 되었다. 나와 함께.

나는 내 남편이 저지른 실수가 여전히 밉고 아프다. 감정에 치우쳐 그 순간 닥친 커다란 배신감에 모든 걸 놓을 수도 있었다. 하지만 그랬다면 나는 지금 후회하고 있을 것이다. 내게는 남편을 알아야 할 계기가 필요했고, 그를 이해해야 할 시간이 필요했다. 그것이 그 사건을 통해서라면 나는 그 시간을 내가 성숙해지는 계기로 삼은 것에 후회하지 않는다. 만약 그 상황을 그저 회피하고 막연히 남편이 '언젠가 제자리로 돌아오겠지.' 하며 내버려두었다면 혹은 남편에 대해 자세히 알려고 하지도 않고 그저 '나쁜 놈, 죽일 놈'으로 여기며 남편을 몰아붙였다면 지금쯤 어떻게 되었을까.

살면서 실수는 얼마든지 있을 수 있다. 하지만 그 실수를 통해서 성장을 하느냐, 아니면 그 실수가 계속 반복되어 아픔이 순환되느냐 하는 것은 그것을 처리하는 방식에 따라서 다르다. 매번 바꾸어가며 여자들을 만나는 그 남자의 행동을 부정적으로만 보기 이전에(물론 그 남자가 근원적으로 나쁜 남자일 수 있고, 그 행동은 잘못된 것이 분명하지만) 한 번쯤은 그 남자가 왜 그렇게밖에 할 수 없는지를 객관적으로 살펴보고, 그것을 이해하고 노력하는 과정을 가져보면 어떨까. 그러기 위해서 우리는 먼저, 나 자신은 그 모든 걸 지켜보고 있을 만큼 쿨하지도 않고, 지금 이 상황을 종결시킬 만한 용기도 가지고 있지 않다는 걸 인정해야 할 것이다.

내 남자는 결국,
선택을 포기했다
― 무기력한 내 남자를 일으켜 세우는 법

나와 상담을 하던 남자 중에 '매 맞는 남편'이 있었다. 그는 어릴 때부터 항상 "너는 아빠처럼 되면 안 된다"는 말을 듣고 자랐다고 했다. 그는 아내가 하는 말이 틀렸다고 생각할 때도 그 말에 따라야 했다. 결혼을 한 후 얼마 되지 않아 아내의 폭력이 시작되었는데, 시도 때도 없이 폭력을 행사하는 건 아니었지만 화가 날 때면 수시로 물건을 집어 던지거나 구석으로 내몰며 손찌검을 한다고 했다. 아이들이 있을 때 그런 행동을 하는 것도 아주 큰 문제가 되었다.

"이제 당신의 목소리를 내야 할 때에요. 당신의 삶을 살아야죠. 더는 눈치 보면서 남의 인생 속에 덤으로 있을 필요가 없어요."

나는 그의 삶을 지지해주었고 그가 자신의 목소리를 내고 당당하게 아내 앞에 설 수 있도록 여러 조언을 아끼지 않았다. 그는 아내 때문에 이미 다른 사람들과의 관계에서까지 많이 주눅 들어 있었다. 특히 가장 문제가 되는 것은 자기 어머니와의 관계였다. 자기 어머니와 아내의 관계가 너무 나빠서 어머니와 아내가 싸우는 날이면 더 심각한 상황이 벌어지곤 한다는 것이다. 아내는 집에 들어오자마자 남편의 멱살을 잡고는, '당신 어머니는 대체 왜 그러느냐, 내가 나가든 당신이 어머니를 버리든 둘 중 하나를 택하라.'는 식으로 협박을 한 것도 한두 번이 아니라고 했다. 남자는 그럴 때마다 싹싹 빌며 여자에게 어머니를 잘 설득해보겠다, 그런 말만은 하지 말라고 잘못을 빌었다고 했다.

안타깝게도 그 남자는 나와의 상담을 끝까지 이어가지 못했다. '더 이상 그러지 말고 자신의 목소리를 내라'는 나의 지지가 부담스럽다는 것이 이유였다. 자신은 아내도, 어머니도 지금으로선 누구도 선택할 수 없고 그렇다고 자신이 떠날 수도 없기 때문에 달라질 수 있는 것은 없다고 했다. 자신이 목소리를 내어 하고 싶은 이야기를 늘어놓는다고 해서 무엇이 달라지겠는가. 오히려 어설프게 시도했다간 뼈도 못 추릴 게 뻔하다고 기어들어가는 목소리로 고개를 절래절래 흔들다 돌아가 버렸다. 이후로 나는 그 남자를 보지 못했다.

'매 맞는 남자'가 정말 있느냐고 물어보는 사람들이 종종 있는데, 생각보다 많다. 매를 맞는다는 건 가정에서 자신의 권위가 완전히 상실되었다는 의미와도 같다. 그것이 여자가 아니라 '남자'일 뿐이다. 여자들도 화가 나서 한 번 두 번 물건을 집어던지고, 상대적으로 덩치와 관계없이 여자에게 반항하지 못하는 남자들이 여자의 과격한 행동에 계속해서 수동적으로 반응하다 보면 그렇게 된다. 그런 경우가 꽤 많아서 상담도 여러 번 했다. 이런 경우는 여자들이 남자에게 매를 맞는 경우보다 문제 해결이 조금 더 어려울 때가 많다. 매를 맞는 등 가정에서 상대적으로 위축되어 있는 남자들은 비슷한 상황에 처한 여자들보다 그 상처가 더 깊거나 곪아 있을 경우가 많기 때문이다.

이 남자의 이야기를 꺼낸 것은 비단 '매 맞는 남자'에 대한 문제를 거론하기 위해서가 아니다. 남자들이 가정에서 자신의 목소리를 내지 못하는 경우 중 대다수가 자신의 어머니와 아내 사이에서 중재 역할을 하지 못할 때다. 아내가 자신의 어머니에게 부당한 일을 당했다거나, 혹은 아내가 어머니를 마음에 들어 하지 않아 화를 내고 불만이 가득한 상황이라면 남편은 더욱 절절 매게 된다.

처음에는 "엄마가 그런 뜻으로 한 말이 아닐 거야.", "당신이 조금 이해해줘. 미안해. 내가 더 잘할게."로 시작하지만 나중에는 아내가 주장하는 모든 것에 수동적으로 대처하는 상황으로 치닫게 된다. 즉 아예 자신의 목소리를 내는 것을 포기해버리고 그저 아내가 어머니에 대해 극단적인 조치만 취하지 않기를 바라는 것이다. 그런 문제로 인해서 가정에 흠집이 생기는 것 자체를 원하지도 않을 것이고, 혹여 그런 상황이 발생했을 때 문제를 해결할 방법을 알지도 못하는데다 그럴 능력도, 용기도 남자에겐 없다.

남자에게 아끼고 보살펴야 할 어머니가 존재한다는 것은 마치 원죄를 가진 것만큼 큰 잘못인 걸까. 그래서 아내들은 남자들에게 재촉하는 것일까? '나와 그녀, 둘 중 한 명을 선택하라'고. 분명 우리 여자들에게 시어머니란 존재는 참으로 물과 기름처럼 섞일 수도 없으며, 내 남자 하나를 사이에 두고 이리 뜯고 저리 뜯으며 평생 말도 안 되는 감정의 경쟁을 해야 하는 상대이기도 하다. 그녀는 나를 '가족'이라 여긴다고 웃어놓고선 남편이 없을 때면 세상에 이런 원수가 없다는 듯 대하기도 일쑤다. 듣도 보도 못한 가면을 뒤집어쓰고 가식적인 웃음으로 날 대하고 뒤에 선 사람들 사이에서 '우리 며느리 욕하기'에 지지 않을 시어머니도 수두룩하다. 시어머니란 존재는 "아침밥은 먹었니?"라는 안부 인사도 '자기 아들 아침밥 안 차려줬을까 봐 걱정되나 보지?' 하고 바로 삐딱선을 타게 하는, 순식간에 나를 나쁜 사람으로 만들어버리는 대단한 존재이기도 하다. 하지만 그래서, 우리 여자들은 남자들을 몰아붙여야만 할까?

"자기, 나 정말 이대로는 못살겠어. 나와 당신 어머니, 둘 중에 한 사람을 선택해!"

이런 질문에 "내겐 당신뿐이야. 이미 내 마음속에 어머니란 존재는 없어. 앞으론 당신이 하자는 대로 다 할 거야."라고 남편이 말할 것을 기대하고 있지는 않겠지? 남편이 그녀와 나, 둘 중 하나를 선택할 거라는 기대는 아예 접어라. 그는 그렇게 할 수 없다. 내 아들이 자신이 사랑하는 여자를 만나 나는 안중에도 없고 아내에게 밤마다 "우리 어머니는 끝났어. 내겐 너밖에 없어."라고 속삭일 순간들을 생각해보라. 그런 바보

천치 같은 아들이 내 뱃속에서 나왔다는 게 믿어지지 않아 이가 갈리지 않을까.

여자들이 시어머니와 잘 지내는 데 정해진 방법도, 정답도, 모범 답안도 실은 없다. 하지만 분명한 건 남편을 몰아붙인다고 해서 그 답을 찾을 수 있는 것도 아니라는 것이다. 생각해보라. 그럴 리도 없겠지만 남편이 못된 시어머니 대신 나를 선택한다고 해서, 그 시어머니란 존재가 사라질 수는 없지 않겠는가. 처음 며칠이야 통쾌할지 모르지만 우리는 '못된 며느리'가 되었다는 생각에 더욱 괴롭고 밤마다 끙끙 앓으며 어머니를 걱정하는 남편의 모습도 한동안 감당해야 할 것이다. 그 어느 쪽도 편안해질 수는 없다, 결코.

나는 따뜻한 밥 한 끼로 그의 외로운 마음을 달래줄 시도를 해본 적이 있는지. 내가 혹시 그가 하고 싶은 이야기를 진지하게 경청해주지 않은 건 아닌지. 일방적으로 시어머니에게 아이들에게 치인 내 심정을 토로하기 위해 가뜩이나 일에 지친 남자를 밤새도록 들들 볶기만 한 것은 아닌지. 여우같은 아내도, 착한 아내도, 그 무엇도 아닌 모습으로 그저 '살아내는' 것에만 급급해 남편을 뒷전으로 여긴 건 아닌지. 그가 그토록 아끼는 '엄마'라는 존재가 이 세상에서 사라져버렸으면 좋겠다는 마음을 노골적으로 드러내어 그에게 상처를 준 것은 아닌지.

사랑하는 나의 남편에게

봄꽃이 만발한 산비탈을 보면서 척박한 저 땅에서 꽃을 피워내는 자연의 순리 앞에 그저 미소가 지어지는 것은 왜일까? 평범한 것이 아름답고 가까운 주변의 것에 새삼 눈이 가고 사소한 것이 마냥 감사한 것은 나이를 먹어가면서 그 자연의 순리를 가슴으로 느끼고 있기 때문이라 생각해. 그래서 나는 지금 이 나이가 좋아.

여보, 당신을 처음 만났을 때! 지금도 선연한 그 기억들을 지우고 싶을 만큼 어설프고 설익은 인격을 가진 어린아이였고, 정말 나에 대해서 아무것도 몰랐던, 그리고 상대방에 대해선 더 몰랐던 나를 감추기 위해 지독히도 싸울 수밖에 없던 나는, 본능 그 자체였지. 살기 위해, 보살핌을 받기 위해, 사랑받기 위해, 인정받기 위해…….

당신 앞에서 자꾸 서러운 마음이 들었던 나!
혼자라 느껴진 많은 날들이 울컥울컥 울음을 쏟게 만들었던 무렵. 당신도 당신 안에서 외로움이 자라 걷잡을 수 없는 감정으로 바람처럼 떠돌던 그때는 당신이 옆에 있어도 가슴이 시렸었어. 왜 아팠을까? 왜 외로웠을까? 그리고…… 우리는 왜 그 긴 세월을 어쩌지 못했을까?

나 하나만 생각하던 내게 딸이 태어나고 아들이 태어나면서, 그리고 그 아이들이 조금씩 성장해가면서 내 본능은 좀 더 강하고 질겨진 듯해. 그런 힘으로 우리 앞에 닥친 결혼생활에서의 시련들을 한 굽이 한 굽이 넘을 때마다 내 삶의 현들이 더 단단해지고 굵어지던 무렵! 비르소 내가 보이기 시작했어. 그리고 당신이 보이기 시작했어.

미안해. 당신을 좀 더 일찍 이해해주지 못해서.
고마워. 이혼의 위기 앞에서 내 손을 기꺼이 잡아주어서.
그리고 자신을 알아가며 내 마음으로 한걸음씩 다가와주어서.

순리 앞에 순응하며 범사에 감사한 삶을 살기로 한 어느 봄날!

그
여
자

왜 그녀는 내 남자를 놓아주지 않는가?

내 남자가 오롯이 내 것이 되어야 한다는 건

내 욕심일까?

Part 02

Chapter 3.

이미 나는
그 여자와의
시간 싸움에서 졌다

　대학 때 만나 7년이라는 시간 동안 연애를 하고 결혼해 골인한 한 커플. 우스갯소리로 하는 말이지만 오랜 기간 동안 연애를 하다 보면 "우린 절반은 만나고 절반은 헤어져 있었던 거나 다름없었어요."라고들 한다. 나를 찾아온 그 커플 또한 지지고 볶고 싸우며 중간 중간 한눈을 팔 때도 있었지만, 결국 서로에게 더 나은 사람이란 없을 것이라 결론을 내리고 많은 사람들의 축복을 받으며 결혼을 하게 됐다. 연애를 하는 동안에도 어딜 가든 항상 세트처럼 함께 다녔고 그 시간이 너무 길었기에 주변 사람들도 그것을 당연하게 여겼다. 그리고 이제 각자의 영역이라는 건 존재하지도 않을 만큼 서로에 대해 속속들이 알게 되었다. 결혼을 6개월 정도 앞두었을 때는 미리 구해둔 집에서 함께 살며 신혼생활을 시작했다. 권태기를 몇 번 지나다 보니 오히려 약간의 설렘도 느껴지는 듯했다.

　그런데 문제는 예상치 못한 곳에서 생겨났다. 물론 연애를 하는 동안 남자의 어머니가 그녀를 못마땅해 하는 구석이 없지 않았다. 워낙 오래 만나면서 집에 들락거렸기에 이젠 굳이 결혼을 반대할 이유를 찾기 힘들었지만 여자 쪽 형편이 그리 넉넉지 못한 데다 셋이나 달린 동생들이 아직도 공부 중이라는 게 처음부터 탐탁지 않았던 것이다. 게다가 남자는 삼남매 중 첫째였는데 맏며느리 감으로는 성격 면에서도 썩 마음에 들지 않는다고 여겼다. 같은 대학을 나오긴 했지만 남자는 인물도 괜찮고 직업도 좋아서 맞선을 보면 이보다는 훨씬 나은 여자를 만날 수 있다는 게 남자 어머니의 생각이었다. 오랜 연애 기간 동안 둘이 사이가 틀어져 종종 헤어져 있을 때면 어김없이 선 자리를 내놓았고, 남자도 못 이기는 척 한두 번은 다른 여자를 만나보기도 했다.

그런저런 시간들을 거쳐 본격적으로 결혼 이야기가 나오자 어머니도 더는 말리지 못하고 받아들였다. 오랫동안 정이 쌓이기도 했고, 무엇보다 남자의 한 번씩 '욱' 하는 성격을 누구보다 잘 알고 받아줄 수 있는 여자라는 것도 어느 정도 검증된 셈이었으니까. 여자는 남자를 잘 아는 만큼 그의 어머니도 어느 정도 파악이 되었다고 생각을 했고, 둘 사이의 관계가 좋은 만큼 다른 커플에 비해 서로를 이해하는 정도가 깊다고 생각하고 이 부분에 대한 고민은 하지 않았다. 하지만 둘 사이의 불화의 씨앗은 예상치도 못했던 곳에 숨어 있었고, 여자는 나를 찾아오기까지 수없는 갈등을 하다 결국 참지 못하고 내 앞에서 눈물을 흘리고 있었다.

"7년이면 짧은 시간이 아니에요, 교수님. 안 그래요? 저는 남편에 대해 모르는 게 없다고 생각했습니다. 남편도 아마 나에 대해 그렇게 느낄 거예요. 그런데 그 어머니는 예전에 제가 알던 그분이 아니에요. 물론 저에 대해 그 전부터 백 퍼센트 호감을 가진 게 아니란 건 알지만, 그래도 함께한 세월이 있는데 이젠 딸처럼 여겨주실 때도 됐잖아요. 찬밥 신세라는 말이 딱 이럴 때 들어맞는 말인가 싶을 정도로 저에게 너무하세요. 더 화가 나는 건 남편의 태도에요. 결혼 전에는 열 번 중에 일곱 번은 내 편을 들어주었는데, 이젠 제 얘기를 들으려고 하지도 않아요. 무조건 어머니를 이해하라는 거죠. 이제 가족이니까. 자신의 어머니이니 내 어머니와도 같지 않느냐고요. 하지만 정작 어머니는 날 딸은커녕 며느리로도 받아들이지 않는데 절더러 어쩌라는 거예요. 정말 미쳐버릴 것 같아요……."

그녀는 정말 미치기 직전처럼 보였다. 나도 남편과 아주 어릴 적부터 교회 친구였는데, 너무 오래 함께 시간을 보내다 보니 네 집 내 집 할 것

없이 드나들며 가족처럼 지냈다. 그럼에도 하나밖에 없는 아들 데려가는 나를 좋게 보실 리 없었던 시어머니는 결혼을 하면서부터 내 신세를 한탄하게 만들었다. 나도 참 어지간히 노력파라 내가 노력하는 만큼 이놈의 '관계'라는 것도 어느 정도 개선이 될 수 있다 생각했는데 유독 이 관계만큼은 쉽지가 않았다. '내가 뭘 잘못해서 이러는 거지?' 하는 생각이 하루에도 수십 번씩 들었다. 내가 잘못한 건 아들을 사랑한 것밖에 없지 않은가. 아무리 잘난 인간이라도 부족한 부분이 있기 마련인데, 그런 부분들을 오랜 시간 감싸 안으며 가족을 일구어가는 나를 기특하게 보지는 못할망정 이것저것 트집 잡기 바쁜 시어머니를 보면서 결혼 자체에 대한 회의감이 그렇게 밀려올 수가 없었다.

'결혼이란 두 사람이 하는 게 아니라더니 이런 걸 두고 하는 말이었나?' 하지만 시간이 흐를수록 느껴지는 건, 남편이 지금의 나를 아무리 사랑하고 나와 더 많은 시간을 보낸다 하더라도 결국 그의 첫사랑이었던 어머니를 이길 수는 없다는 사실이었다. '꼭 이겨야 하나?' 물론! 이기고 싶어진다. 이건 결혼을 해본 사람만이 아는 진실이다. '시어머니도 어머니인데 이겨먹으려고 하나?' 이런 낭만적인 소리가 나오지 않는다. 그리고 여기서 '이긴다'는 건 남편이 날 조금 더 이해하고, 날 조금 더 배려하고, 조금만 더 내 편이 돼서 함께해주기를 바란다는 뜻이다. 이제까지 그녀의 품 안에서 그녀를 위해 모든 걸 해왔다면 이젠 날 좀 바라봐줘도 되지 않을까 하는.

"남편분이 선생님을 사랑하지 않는 게 아닙니다. 다만 더 많은 시간을 보낸 익숙한 곳으로 에너지가 가 있는 거죠. 말하자면 우린 이미 그녀와 시간 싸움에서 졌어요. 그녀의 존재를 인정해야 합니다. 그녀가 우리의 남편들에게서 차지하고 있는 비중을요. 나와 남편 사이에서 형성된 몇 년 간의 세월로는 도저히 뛰어넘을 수 없는 커다란 벽이 있다는 것, 그걸 인정하고 받아들여야만 용서도 시작되고 화해도 시작됩니다. 그의 어머니가 아들을 빼앗긴 '상실감'으로부터 온전하게 벗어나게 해주어야만 우리 셋 모두 행복해질 수 있습니다. 물론 그것은 정말 어려운 일이지만요."

그래, 그것은 어려운 일이다. 우리는 결혼을 할 때 '내 가정', '나만의 가정'을 그리며 꿈꾼다. 그리고 그 영역 안에 다른 복병들이 침략해올 것이라는 생각을 하지 않는다. 아니, 하더라도 남편과 힘을 합치면 얼마든지 막아낼 수 있으리라 생각한다. 하지만 그 침략자와 남편이 대항하지 않고 오히려 손을 맞잡는다고 느껴질 때, 내가 느끼는 소외감과 공허함은 너무나 크다. '나는 이제 어디로 가야 하지?', '누가 나의 바람막이가 되어주나?' 이런 생각들은 점점 결혼생활을 피폐하게 만들어간다.

그렇다면 남편의 시어머니는 정말 침략자인 것일까? 나는 이번 장에서 이 부분에 대한 오해를 낱낱이 파헤쳐보려고 한다. 나 또한 시어머니 때문에 많이 힘들었지만 이제 와서야 그 힘겨운 시간들(한 가족이면서도 그녀를 미워하고 한 남자를 두고 다투어야 했던)이 얼마나 어리석었는지를 조금은 깨달아가고 있다.

　나의 경우에는 시어머니와의 직접적인 대화를 통해서보다는 상담을 하는 과정을 통해 내가 가지고 있던 '시어머니'라는 존재에 대한 선입견들이 많이 깨어졌다. 실제로 나와 상담을 하는 이들 중에는 내가 지금 상담을 해주고는 있지만 나보다 훨씬 많은 부분에서 앞서 가거나 깊은 통찰을 하고 있는 사람들이 있다. 문제를 꺼내고 거기에 대한 이야기를 나누는 그 순간에는 조금 괴롭고 껄끄러울지 몰라도, 금세 문제점을 파악하고 자신의 잘못과 상대의 부족한 점에 대해 인정하는 것이다. 그런 경우 일주일 후 다시 그를 만났을 때에 몰라보게 생각이 성숙해진 것을 발견할 때가 있다. 그런 모습을 보면서 나 또한 값은 것들을 배웠고, 시어머니에 대한 나의 잘못된 태도와 생각들도 많은 변화를 갖게 되었다.

　물론 처음부터 시어머니라는 존재가 침략자가 아니라 '우리'편이었다는 것을 깨닫기까지는 너무 많은 시간이 필요하다는 걸 알고 있다. 나도 그랬고 모두가 그 과정을 겪고 있다. 그녀는 그의 아들을 잃기 싫고 나는 내 남자를 나누기 싫기 때문이다. 그 싸움의 시간은 너무나 지난하고 길지만, 그것이 회복을 목적으로 하는 것이라면 언젠가 셋이 함께 웃게 될 날이 반드시 오리라 믿는다.

"내 삶이 누군가의 보상이라면 이쯤에서 끝내고 싶다"

— 누구의 아들이나 딸이 아닌 오롯이 '나'로 사는 법

'보상'이라는 말은 막장 드라마에서는 때로 정말 슬픈 의미로("네가 송두리째 앗아간 내 청춘을 보상해줘!") 쓰이고, 어떤 CF에서는 참 건강한 의미로("열심히 일한 당신 떠나라!") 쓰인다. 원래 보상이란 자신이 인식한 약점을 위장하거나 자신의 한계를 보상하기 위해 어떤 긍정적인 특성을 발달시키는 것이다. 즉 자신의 욕구를 실현시키는 데 있어 자신의 능력이나 성격 등이 부족하다고 느낄 때, 그 결함을 다른 것으로 대치시켜 자신의 욕구를 충족시키게 되는데, 이때 본래의 결함으로 생긴 열등감으로부터 벗어나려는 행위를 '보상'이라고 한다. '이번에 이거 하느라 고생했으니 나 자신을 위해 여행을 가자.', '힘들었을 텐데 포기하지 않고 잘 해냈으니 갖고 싶은 걸 하나 살까?' 하는 행위들이 이에 해당한다.

나 또한 어려운 내담자를 아주 잘 담아내어 기특한 나 자신에게 보상을 한 적이 있다. 먼 거리를 마다않고 달려가 아픈 영혼을 건강하게 치유하고 세워주고 돌아온 용산역에서 어여쁜 귀걸이를 사 멋들어지게 코디를 하고 흐뭇하게 웃은 적도 있다.

그러나 보상 중에는 왜곡되어 자신을 파괴하고 남을 힘들게 하는 부정적인 보상도 있다. 인정받음에 목말라하는 아이들에게 긍정적인 주의나 관심은 보약과도 같다. 하지만 이러한 욕구가 채워지지 않고 인정을 받지 못하는 아이들은 최소한 부정적인 관심이라도 끌기 위해 부정적인 행동을 하기도 한다. 열심히 공부하여 좋은 점수를 받기를 소망하는 것은 좋지만 나아가 자신이 받은 점수 자체가 '자신'이라 여기게 되는 왜곡된 인식은 결과적으로 좋은 점수를 받기 위해 수단 방법을 가리지 않게 한다. 어디 이뿐이랴. 어린 시절의 가난을 보상받기 위해 명품을 두르는 이십대, 배움에 목말랐던 상황을 보상받기 위해 자식을 이리저리 돌리는 이 땅의 어머니들, 과분한 기대로 자신을 억압하고 살아야 했던 중년의 뒤늦은 일탈…… 등 우리 주위에는 보상에 목마른 이들이 많다.

내 책 《아픈 영혼, 책을 만나다》에 보면 '달팽이님'에 대한 이야기가 나온다. 그의 어머니는 굉장히 드센 반면 아버지는 매우 유약한 분이셨다. 아버지는 경제적으로 무능력해 생계를 전적으로 어머니가 감당하셔야 했기에 그 고생은 이루 말할 수가 없었다. 그런데 문제는, 어머니의 기질이 너무 강한 탓에 아버지가 수시로 맞고 살았다는 사실이다. 단순히 무능력한 가장이 아니라 이는 매 맞는 남편에 대한 이야기였다. 어머니는 남편을 극도로 무시하면서 아무런 기대조차 하지 않았다. 그러니 그 기대는 고스란히 외아들인 자신에게로 향했고, 어머니는 아들을 통해 자기가 받고 싶었던 모든 것을 받으려 했다.

때문에 달팽이님은 살면서 단 한 번도 자기가 원하는 것을 할 수 없었다. 선택은 모두 어머니 몫이었고, 아들은 어머니가 시키는 대로만 해야 했다. 원하는 대학, 원하는 과를 선택할 수도 없었고, 취미, 직업, 결혼상대 모두 어머니가 정해주는 대로 따라야 했다. 어머니가 싫어하는 친구는 집에 데려올 수조차 없었다.

'강제된 마마보이'인 셈이었다. 하지만 그는 저항할 수 없었다. 아버지를 때리며 살았을 정도로 어머니는 드센 분이었으니까. 아버지를 닮아 소심했던 남자는 어머니의 기대와 강요 속에 자신의 인생은 모두 버리고 남의 인생을 살아야 했다. 그가 치른 가슴앓이는 겪어보지 않은 사람은 절대 알 수 없는 미묘하고도 깊은 상처로 박혀 있었다. 아버지를 가엾어 하면서도 한심해하고, 어머니를 무서워하면서도 미워하는, 무엇보다 자기 자신의 유약함에 한없이 질려 있었다. 게다가 자기 마음대로 해본 일이 하나도 없으니 억눌린 욕망은 얼마나 많을 것인가. 나이가 삼십대 중반에 이르렀으면서도 이 남자는 자기만의 삶이 하나도 없는 것이었다.

달팽이님의 이야기가 끝나자 같능 프로그램에 참여하고 있던 다른 남자 한 분이 말을 받았다. 이 분은 교사인 50대 남자였는데, 이 분 역시 그때까지 한 번도 입을 열지 않았던 사람이었다.

"오늘 달팽이님 말에 나는 큰 위로가 됩니다. 저의 부모 경우는 지금 말씀하신 것과 정반대였거든요. 제가 겪어온 일도 달팽이님과는 전혀 다른 이야기입니다만, 부모 때문에 받은 상처라는 점에서는 같은 것 같네요."

50대 남자의 경우는 어머니가 아버지에게 늘 맞고 살았다고 한다. 아버지는 직업군인이었는데, 남자는 아버지가 너무나 어머니를 때려서 그것을 볼 때마다 고통스러웠다. 아버지가 무서우면서 증오스러웠다. 어머니가 아버지와 이혼하기를 간절히 바랐지만 경제적인 능력이 없고 마음도 약한 어머니는 감히 이혼은 생각조차 하지 못했다.

남자가 고등학교 2학년 때, 처음으로 일이 벌어졌다. 길거리에서 어머니를 때리는 아버지를 보고 한순간에 눈이 돌아서는 아버지를 담벼락으로 밀어 고꾸라뜨린 것이다. 그러고는 그냥 막 울었다. 그날 이후로 더는 아버지가 어머니를 안 때렸다고 한다. 남자 생각에는 아버지가 그 사건을 통해 자신의 성장을 인정해준 것 같다고 했다. 이야기를 끝내며 50대 남자가 30대 남자에게 말했다.

"어머니에게 한번 반기를 들어봐요. 내가 다 컸다는 것을 알려줘야 돼요. 부모도 자식에게 한번 충격을 받아야 자기 행동을 돌아볼 수 있게 됩니다."

그러나 30대 남자는 자신 없다고 했다. 아직도 어머니가 무섭기만 하다는 것이었다. 내가 말했다.

"선생님은 집안의 장남이지요? 아버지는 아버지대로, 어머니는 어머니대로, 집안의 맏이인 선생님에게 거는 기대가 있을 거예요. 선생님의 어떤 행동을 기다리고 있을 수도 있어요. 아버지 사는 모습이 보기 싫고 어머니 행동도 그렇게 마음에 들지 않으면 한 번은 선을 그어야 할 것 같네요. 독립해서 아버지와 둘이 살겠다, 어더니에게 이렇게 말해보는 건 어떨까요?"

30대 남자는 감히 생각도 못할 이야기라는 듯 자신 없어 했다. 굉장히 부끄러워하고 자괴감도 많이 느끼는 것 같아 사람들이 여러 가지로 위로의 말을 해 주었다. 남자는 고마워하면서도 끝내 용기는 내지 못했다. 그의 인생은 쇠사슬에 단단히 묶여 있었다. 조언을 하는 우리에게 죄라도 진 듯 얼굴이 벌개지는 것을 보면서 가슴이 정말 아팠다. 그런데 이 분이 워크숍이 끝난 그 다음 주부터 안 나오기 시작했다. 중도포기를 한 것이다. 그 분이 감당하기 힘든 것을 우리가 너무 요구했던 건 아닐까, 사람들은 그런 반성을 해보았다. 그러나 결론은, 결코 지나치진 않았다는 것이었다.

"꼭 한 번은 용기를 내어 자기 생각을 말해야 합니다."

확실히 그건 그 분에게 할 수 있는 유일한 조언이었다. 그 가족의 주도권은 어머니에게 있지만, 변화의 씨앗은 오직 그 분만이 갖고 있는 것이다. 그 분에게 필요한 건 '당신이 참아야 한다', '당신이 어머니를 이해해야 한다'는 조언이 아니었다. 꼭 자기 인생만이 아니라 아버지를 위하고 어머니를 위해서라도 한 번은 용기를 내야만 했다.

프로그램을 운영하며 중도포기를 하는 분이 생기면 가슴이 참 아프다. 나에게 미숙한 점은 없었는지 반성도 해보게 된다. 포기하고 돌아서는 그 당사자만큼 힘든 사람은 없을 것이기에 그에게 용기가 없었음을 나무랄 수는 없다. 우리 프로그램에서는 찾지 못했지만, 용기를 갖게 될 계기를 어느 곳에선가는 얻기 바랄 뿐이다.

나에게 상담을 하러 온 대부분의 사람들이 '왜 내가 이렇게 살고 있는지 모르겠다, 뜻대로 안 된다, 생각과는 다르다'는 식의 이야기를 많이 하곤 한다. 그러면 난 그들에게 물어본다.

"정말 자신만을 위해서, 자신의 감정에 솔직해 원하고 바라는 것을 선택한 적이 있나요? 아니면 적어도 그것을 원하고 있거나 지금 이 선택이 싫다고 표현해본 적은 있나요?"

일전에 이제 갓 스무 살을 넘긴 청년과 상담을 한 적이 있다. 그는 어릴 때부터 어머니가 자신에게 쏟은 정성과 사랑이 크다는 사실을 알고 있지만 자신의 마음에는 그것이 사랑으로 느껴지지 않는다고 했다. 어머니가 원하는 틀에서 크게 벗어나지 않는 선에서(소위 속 썩이지 않으며) 잘 자랐지만, 항상 가슴 한구석엔 가시가 걸린 듯한 느낌을 지울 수가 없다는 것이었다. 그렇게 답답한 마음의 가장 큰 원인은 어머니의 사랑이 너무 커서 그 사랑에 위배될 법한 행동이나 표현을 할 수 없다는 것에 있었다. 때로는 "엄마, 저 싫어요!" 이런 말로 자신이 원하지 않는다는 이야기를 하고 싶은데 어머니의 굴레를 벗어나기 전에는 도저히 그럴 엄두가 나질 않는다는 것이다.

"제가 합리적으로 어머니를 떠날 수 있는 방법을 찾고 있어요."

그의 어머니는 분명 자신의 삶을 제대로 살지 못한 사람일 것이다. 남편을 위해서, 부모를 위해서, 자식을 위해서 살았고, 한평생 자신의 삶을 누려보지 못한 어머니는 자신이 정성들여 키운 자식을 통해 그 고통스런 삶의 보상을 받고 싶어 할 것이다. 대부분의 부모가 '나는 자식이 잘 되는 것만 보면 배가 부르다'고 말하지만 실은 그들이 자식이 자신의 새로운 가족을 돌보느라 조금이라도 서운하게 하면 '내가 저를 어떻게 키웠는데' 하는 말이 불쑥불쑥 나오며 금세 눈물이 차오르는 감정을 느끼게 된다. '남편 복 없는 여자는 자식 복도 없다더니.' 하는 말로 자신의 삶을 통째로 비하하기 마련이다.

그런 부모들에게 아들은 독립된 한 인격체(자신의 의사대로 삶을 선택하고 결정할 수 있는)라기보다는 엄마가 보낸 서럽고 힘겨운 삶의 보상인 경우가 많다. 이 청년처럼 '합리적인 방법'으로 어머니를 떠나야만 자신의 의사를 표현하고 살 수 있겠다는 사람이 이상해 보일지 모르지만, 대한민국 남자들 중 절반 이상이 이런 경험을 해보았다 해도 과언이 아니다. "난 그렇게 하고 싶지 않아요."라고 자신의 의사를 자유롭게 표현하는 것이 부모의 은혜와 사랑을 거스르는 것이라 여겨지는 것이 우리 사회이며 문화이니 말이다.

아버지의 퇴임 때문에, 부모님의 병환 때문에 결혼을 요구받는 자식들도 많다. 지금 사귀고 있는 사람과 결혼했을 때 후회 없이 안정적인 가정을 꾸릴 수 있을 것인가에 대한 충분한 고민이나 생각 없이 '부모님의 상황'에 맞춰 결혼을 해야 하는 경우다. 그럴 때 어떤 이들은 '이것이 내 운명'이라는 생각으로 결혼을 하게 되지만 나중에 불행으로 끝나게 되는 경우를 수없이 보았다. 이미 물이 엎질러진 후에는 알다시피 후회해도 아무 소용이 없다. 결국 자신의 의지라고는 눈곱만큼도 없는 이 남자들은 제대로 가정에 안착하지 못하고 외도를 하며 방황하거나 부모를 원망하며 극단적인 선택을 하기도 한다. 조금이라도 더 늦기 전에 '이 결혼은 내가 원해서 한 것이 아니었다'는 판단을 내리고 자신의 길을 찾아가야 함에도 불구하고, 끝까지 부모님의 기대를 저버리지 못하고 우울해하며 평생을 살아가는 사람들도 수없이 많다.

부모의 상황이나 기대를 저버리지 못해, 심지어 그에 부응하기 위해 자신의 삶을 던지는 것도 정말 무모하지만, 이것만큼이나 심각한 것이 부모와의 '합리적인 이별'이라고 선택한 것이 '결혼'으로 이어질 때다. 나를 찾아온 그 청년의 이야기처럼 부모님과 합리적으로 떨어져야만 작은 것 하나라도 자신의 의지대로 할 수 있을 것 같다는 생각에 선택한 것이 '결혼'이 되었을 때 말이다.

"그러한 생각으로 선택한 여자는 당신의 들러리가 될 뿐입니다."

청년은 눈을 동그랗게 뜨며 나를 바라보았다. 그 남자가 선택하게 될 여자란 이제껏 부모의 보상으로 살아왔고, 하지만 그 삶을 살기 싫어하는 한 남자가 선택한 들러리일 뿐이다. 안 그런가? 부모에게서 벗어나기 위해 선택한 여자가 자신의 진짜 사랑으로서 존재할 확률은 얼마나 될까. 그러한 결혼은 얼마 지나지 않아 또 다른 불행을 낳고, 그렇게 부모에게서 멀어지면 괜찮아질 것 같았던 마음이 또 다시 고무줄처럼 늘어진다는 사실을, 무엇을 먹을 때나 어디를 갈 떠나 그분을 걱정하게 된다는 사실을 깨닫게 될 것이다. 자신이 선택한 사랑이 진짜였는지, 이것으로 인해 자신이 누릴 수 있으리라 생각했던 자유와 행복이 가짜였다는 생각을 하게 될 때는 심각한 공황 상태가 될지도 모른다. 그리고 다시 그를 사랑으로 키웠던 어머니의 그림자가 스멀스멀 자신의 삶 속으로 침투하게 된다.

결국, 군 입대도, 해외 도피도, 결혼도…… 나를 보상으로 살아가고 있는 그녀의 마음으로부터 완전히 도피할 수 있는 곳이 아니다. 함께 있어도, 떠나서도, 결국 자신은 그녀가 원하는 대로 그녀의 힘든 삶을 갚아주고 행복을 주는 사람으로 살아가야 할 테니까. 그 굴레, 그런 운명의 굴레 앞에서 누구든 이 질문을 스스로에게 던져야 한다.

'나는 누구인가? 누구를 위해 살아가는가?'

그 누구도 내 삶을 대신 살아줄 수 없는 것처럼, 나 또한 그 누구의 보상으로 살아갈 이유가 없다. 내가 그것으로부터 벗어날 때 나의 자식들도 나를 위해 살아주는 반쪽 인생에서 벗어날 수 있다.

내 남자와 그 여자 사이에는
나만 모르는 비밀이 있다

— 두 사람 사이의 시간을 인정하는 법

내 동생은 결혼한 지 몇 년이 지나고서야 자신이 남편에 대해 제대로 아는 것이 너무 없었다며 신세한탄을 늘어놓았다. 내가 기억하기로도 처음에 동생이 결혼을 할 당시 남편의 어머니는 "당분간은 조금 힘들더라도 이렇게 지내고, 곧 집을 마련해주겠다"고 이야기했고, 동생 내외는 그 말을 믿고 아무런 준비도 없이 어렵게 결혼생활을 시작했다. 그런데 결혼을 한 지 1년이 지나고 2년이 지나도 집에 대한 이야기는 나오지 않았고, 두 사람이 열심히 벌어 가사를 꾸려가기에도 벅찬 날들이 계속됐다. 그렇다고 약속했던 집을 해내라고 어머니를 조를 수도 없는 일이어서 교사인 동생과 직장인인 남편, 두 사람은 정말 개미처럼 열심히 일을 해 한 푼 두 푼 돈을 모았다. 그리고 틈이 날 때마다 조금이라도 돈을 불릴 수 있는 재테크를 시도하곤 했다.

그러던 어느 날 동생은 2천만 원 정도의 여유가 생겨 남편 회사 주식을 싸게 받게 됐고, 그것을 통해 7천만 원의 이득을 내게 됐다. 그런데 문제는 그 다음이었다. 주식을 사들이기 전 아들에게 1천만 원을 빌려주었던 그의 어머니가 주식으로 이득이 났으니 벌어들인 돈 중 꽤 큰 돈을 받아야겠다는 것이었다.

"어머니, 그건 아니지 않아요……?"라고 속상하고 억울한 마음에 동생이 묻자, 시어머니는 그제야 실은 집에 빚이 얼마나 있는지, 그동안 얼마나 힘든 상황을 어렵게 버텨왔는지, 왜 지금 자신에게 돈이 필요한지 등의 이야기를 스멀스멀 꺼내기 시작했다. 구구절절 사연을 다 듣자 이제 더 이상은 어떤 것도 요구하거나 바랄 수 없는 현실을 깨닫게 됐고, 동생은 그 일이 있은 후 한참 동안에도 공황 상태에 빠져 있었다. 동생이 정말 화가 났던 것은 어머니의 갑작스런 폭탄 발언과 며느리로서 앞으로 감당해야 할 짐, 그리고 허공에 흩어진 약속들이기도 했지만, 정작 그 이야기를 가장 먼저 전달했어야 할 남편이 아무런 이야기를 하지 않았다는 사실이었다.

"당신은 다 알고 있었던 거 아니야? 그런데 왜 나한테는 한마디도 안 한 거야?"

"당신이 그걸 다 알면…… 두려웠어. 내게서 떠날까 봐."

"그걸 지금 말이라고 해? 나한테는 이야기를 했어야지. 평생을 함께 할 생각을 하고 결혼을 하는 건데, 언제까지 숨길 수 있을 거라고 생각한 거야, 대체!"

동생은 남편에게서 받은 배신감으로 한동안 무척이나 괴로워했다. 돈도 돈이지만 두 사람이 짜고 자신을 속인 것 같은 느낌을 지울 수가 없었던 것이다. 가족 입장에서 나도 무척 화가 났다. 가끔은 남자들이 '어떤 용도로 결혼을 하려는 걸까?'라는 우스운 생각이 들 때가 있다. 아주 오래전에는 집안에 일꾼 하나를 더 들인다는 의미로 며느리를 보기도 했다. 밭을 갈고 집안일을 거드는 일꾼 말이다.

최근 한 상담은 몹시도 쓸쓸했다. 둘이 연애를 하며 서로를 막 알아가던 즈음 덜컥 임신을 하게 되어, 급속도로 빠르게 결혼 이야기가 오가게 되었다. 자연스레 결혼 후 살 집을 얻는 과정에서 이해할 수 없는 일이 벌어진 것이다. 결혼할 남자는 이제껏 혼자 따로 나와서 원룸에서 생활을 하고 있었는데, 느닷없이 어머니가 아프고 곁에서 돌봐줄 사람이 필요하니 결혼하면 부모님을 모시고 살면 안 되겠냐고 했다는 것이다.

결혼 전에는 혼자 살던 사람이 갑자기 결혼을 한다는 이유로 부모를 모시자니! 이 어이없는 주장에 서로 옥신각신 하던 차에 극도의 스트레스로 여자는 유산을 하게 됐고, 남자는 결혼을 없던 일로 하자고 말하고 떠나갔다. 임신을 빌미로 결혼을 결정하고 어머니까지 모시고 살자고 했던 남자는 대체 어떤 용도(?)로 여자를 들이려고 했던 것일까? 그때까지 혼자 잘 살고 있다가 왜 결혼을 하면서 어머니를 모시고 살겠다고 하는 걸까? 이건 특이 케이스가 아니다. 단골손님처럼 자주 찾아오는 사례다.

내 동생의 경우처럼 돈과 관련된 가정사를 구구절절 아내에게 다 이야기하지 않고 결혼하는 경우는 많이 있다. 아주 심각한 상황이 아니라면 굳이 다 이야기할 필요도 없을 거라 생각했을 거고, 천천히 알아가면서 이해받을 수 있으리라 생각했을 수도 있다. 또 부채 상황이 꽤 심각할 경우에는 결혼을 할 수 없게 될 수도 있으니 아예 가족들이 작정하고 말을 안 하는 경우도 있다. 중요한 건 어떤 경우든 새로 들어올 식구인 며느리, 즉 아내는 곧 이 사실들을 알게 될 것이고, 그러면 배신감과 함께 분명히 우울감을 느끼게 될 것이다. 소외감도 함께.

어머니와 아들이 함께 해온 시간이 우리보다 길기 때문에 그 둘 사이에 비밀이 많다는 것, 그 둘 사이에 내가 모르는 것들이 훨씬 더 많다는 것을 인정해야 한다. 하지만 이제 어머니로부터 분리된 아들은 완전히 나와 함께할 준비, 나와 새로운 가정을 꾸릴 준비를 결혼 전부터 해야 한다. '나와 함께할 그녀가 최소한 이런 것들로 신경 쓰이게 해서는 안 된다'는 생각. 최소한 결혼을 앞둔 남자에게는 이런 성숙한 사고가 필요하다. 모든 것을 낱낱이 보고해야 할 필요는 없겠지만 부부 사이에는 가능한 한 비밀이 없는 게 낫다. 특히 경제적인 부분에 있어서는 더욱 그렇다. 남자들이 수시로 챙기는 작은 비자금 이야기를 하는 게 아니다. "당신 어머니한테 나 몰래 용돈 보내드렸어?", "어머니랑 나 모르게 뭐 얘기하는 거 있어?" 알게 되면 반드시 싸우는 주제라는 걸 알고 있지 않은가. 어머니와 따로 이야기를 나누고, 따로 용돈을 드리고 챙겨드리는 것이 잘못된 일이 아니지만 그것은 아내가 없을 때의 이야기다. 아내가 있을 때는 함께 의논해야 하는 게 맞다. 하지만 남자들이 이런 이야기를 쉽게 꺼내지 않는 것은, 이를 허심탄회하게 의논할 수 없는 환경이 이미 만들어졌기 때문일 수 있다. "어머니 요즘 힘드신데 좀 더 드려야 하지 않겠어?"라고 쿨하게 이야기하는 여자들이 없기 때문이기도 하니까. 그렇지만 여자들이 더 많이 화가 나는 것은 돈을 주었다는 것 자체가 아니다. 10만 원이든 100만 원이든 그 틈바구니에서 내가 배제되었다는 사실, 바로 그거다.

일단 부딪혀보는 일은 쉽지 않겠지만 남자들이 행복한 가정을 일구어가기 위해서는 그 시도를 시작해야 한다. 지금 내가 이룬 현재 가족들보다 원 가족을 먼저, 지나치게 챙기는 일이 완전히 올바르지 않다는 것도 이야기해주고 싶다. 모두 소중한 사람들이고 내가 챙겨야 하는 것도 사실이지만 그 책임감을 얼마나 지혜롭게 지켜나가야 할지 남자들은 한 번 더 생각해야 한다. 여자들은 남편과 사이가 좋을 때 시부모를 더 많이 챙긴다. 사소한 비밀 몇 개쯤이야 귀엽게 여겨줄 수도 있다. 하지만 그 모든 것에서 배제된다는 느낌을 갖기 시작했을 때, 여전히 남편이 자신의 가족에 머무르며 자신을 '새로 들어온 이방인'으로 여긴다는 생각을 하기 시작했을 때, 가정에 금이 가기 시작하는 것은 당연하다.

우리의 침실에
그 여자가 있다는 것

—내 자식에게 똑같은 아픔을 물려주지 않는 법

　내가 그렇게 까다로운 성격은 아니지만 나만의 공간이라고 생각하는 곳에 누가 침범해오는 것을 아무렇지도 않게 받아들일 수 있을 만큼 쿨하지는 못하다. 특히 안방처럼 프라이빗한 공간이라 여겨지는 곳에 불쑥불쑥 누군가가 들어온다면, 그 누군가가 나의 아들이나 딸이라 해도 나는 마냥 편하지는 않은 것이다. 그런데 내 시어머니에게는 우리의 안방이나 거실이나 다 그냥 일반적인 공간일 뿐이다. 집에 오실 때마다 침실로 불쑥 들어와 아무 곳에나 당신의 물건을 두곤 하는 것도 나는 너무 이상하고 불편한 느낌이 든다.

　내담자 중에도 이런 비슷한 일로 잦은 싸움을 겪은 사람이 있었다. 어느 날 아침 남편이 자신의 물건을 찾아달라고 했는데 자신이 두었던 곳에 그 물건이 없어 남편을 그냥 보내고 말았다. 아무리 찾아도 분명 항상 두던 자리에 그 물건이 없더라는 것이다. 남편은 화가 잔뜩 난 채 가버리고 그렇게 보낸 마음도 불편해 한참을 어찌지 못하고 있었다. 그러다 곰곰이 생각해보니 얼마 전에 시어머니가 다녀간 일이 문득 떠올랐다. 그러고 보니 그 물건뿐 아니라 눈에 확 드러나지는 않지만 이런저런 물건들을 당신의 습관대로 바꾸어놓고 가셨던 것을 알게 됐다. 주방이야 그렇다 치더라도 안방까지 들어와 속옷이며 양말이며 바꾸어놓고 갔다는 사실에 짜증이 폭발할 듯이 올라왔다. 우리들만의 은밀한 공간, 우리만의 법칙이 있는 이 공간 속에 시어머니가 침범해왔다는 사실도 불쾌한데 손을 대기까지 했다니.

그런데 이런 이야기를 하면 남자들은 보통 이해를 하지 못한다. 어머니도 가족인데 집에 와서 물건 몇 개 건드린 게 뭐가 그리 심각한 문제일 수 있느냐는 것이다. 그리고 어른이 왔으니 안방을 내어드리고 자유롭고 마음 편하게 계시다 가시면 그만이지, 그게 무슨 상관이냐고 도리어 여자를 무척 치사한 사람으로 만들어버리기 일쑤다. 어머니가 아들 방에 들어오는 게 뭐가 그리 잘못되었냐는 말도 남자 입장에서는 일리가 있다. 내 친정어머니가 집에 다니러 와 안방에 들락거리는 게 그렇게까지 거슬리지는 않으니까 말이다. 물론, 친정어머니가 안방엘 함부로 들락거릴 일은 없겠지만.

어떤 집은 시어머니가 집 카드 키 비밀번호까지 알고 있어서 수시로 드나들며 냉장고를 청소하거나 방을 청소해두기도 하고, 밥도 차려놓고 가기도 한다고 했다. 그러다 만나면 "이번에 소파 새로 샀던데 비싸 보이더라."는 말도 아무렇지 않게 건네고, 어떤 날엔 집에 먼저 와서 아들을 기다리고 있기도 한다고. 도저히 참을 수 없어 남편에게 어머니를 좀 말려 달라고 이야기하자 남편은 도리어 너무 서운해 하며 혼자 계신 어머니가 연세도 많으신데 이렇게 와서 밥하고 빨래해놓고 가는 게 미안하지도 않느냐고 화를 냈다고 한다. 맞벌이 하는 자식들을 위해 일주일에 두어 번 집에 오시는 건데, 그것조차 하지 말라는 말을 대체 어떻게 하느냐는 것이다. 여자는 자기가 조금 더 부지런을 떨어서 집안일도 하고 음식도 할 테니 그렇게 해달라고 말했지만, 결혼한 날부터 집 비밀번호를 알려준 터라 비밀번호를 갑자기 바꾸기라도 하면 어머니가 속상해하실 거라는 남편의 말에 결국 더 이상 타협점을 찾지 못하고 계속해서 짜증만 늘어갔다.

이런 일도 있다. 오랜만에 시골에서 시어머니가 올라오셨다. 어머니는 "오랜만에 아들과 함께 자고 싶구나."라고 이야기하신다. 그녀는 안방을 비워드리고 애들 방으로 간다. 밤새 아들과 두런두런 이야기를 나누며 잠이 드는 시어머니. 그녀는 아이들과 함께 한 방에서 자면서도 뭔가 마음이 썩 편하지가 않다. 그곳은 남편과 나, 우리 둘만의 공간인데 어머니와 남편이 함께 있다는 게 불편한 것이다. 남편에게 티를 내진 않았지만 어머니가 돌아가시고 난 후에도 그녀는 계속 마음이 편하지 않았다.

"당신도 우리 애들이 나중에 그러면 좋겠어?"

남편이 이런 말을 해오면 마음이 수그러들기도 한다. 30년 가까이 아들을 키워낸 어머니라는 존재가 그에게 어떤 의미를 지니는지에 대해서 아이를 낳아보지 않은 여자가 완벽히 이해하기란 사실 힘들다. 상식적으로는 내 품에 있을 때만 자식이고 나를 떠나 다른 여자를 만나고 자신의 가정을 꾸리게 되었을 때, 그가 오롯이 그 가정에 집중할 수 있도록 이젠 놓아주어야 하는 지혜가 필요하다는 것을 알고 있다. 하지만 그건 상식일 뿐, 남편에게 여자가 생긴 것보다 더 큰 공허함과 배신감을 수시로 느끼면서 자신의 자리를 잃어가지 않기 위해 노력하게 된다. 그런 어머니의 행동들이 과하면 고부간의 갈등도 심해지고, 남편과의 소통 불화로 이어지기까지 한다.

생각해보면 명절 때마다 시골에 내려가면 시어머니는 안방이고 뭐고 구분하지 않고 다 내주셨다. 대가족이 남탕, 여탕으로 구분해서 자고 이 방 저 방을 쑥쑥 드나들기도 했다. 그렇게 보면 우리 어머니들은 자신의 공간을 덥석 내주었던 것이다. 그러니 그분들 입장에서 아들의 방을 들어가는 것쯤이 무슨 대수랴. 그리고 끔찍한 아들의 편의를 위해 닦고 정리하는 것은 당연한 것이리라.

그러나 지금은 그때와는 너무 다르다. 삶의 시간도 변했지만 삶의 형태나 의식도 많이 변했다. 적당한 사적 공간이 존재한다고 볼 수 있다. 이렇게 '변화된 오늘'을 이야기하는 우리가 남편들 눈에는 너무 매몰차게만 보일 뿐이다. '내가 저를 어떻게 키웠는데' 하는 어머니의 한 맺힌

소리가 뒤통수 너머로 들려오는 듯하다. 나도 아들을 키우고 있지만 우리 아들이 나를 별로 내켜하지 않는 상황을 만들거나 나의 아들을 심하게 컨트롤하려는 성향을 가진 여자라면 나 또한 썩 마음에 들지 않을 것 같다. 집에 한 번씩 들르는 것도 눈치 보이게 하거나, 가서 마음 편하게 있다 올 수 없을 정도가 된다면 아들의 여자가 아주 미울 것 같기도 하다.

이럴 때 나는 내 남편이 "당신에겐 내가 있잖아. 애들이 불편해할 수도 있으니까, 신경 쓰지 말고 놔둡시다. 무소식이 희소식이야."라고 해준다면 마음이 훨씬 누그러들 수도 있겠다는 생각이 든다. 결국 내가 남편으로부터 제대로 된 사랑을 받는다면 자식에게 집착하지 않고, 자식을 나로부터 분리시키는 일이 더 수월해진다는 말이다. 그런데 우리는 또 알고 있다. 시어머니가 시아버지로부터 그런 건전하고 풍부한 사랑을 받지 못했으리란 것을. 그래서 아들에게 집착하고 아들을 자신의 품에서 보내는 일을 어려워할 수밖에 없다는 것을. 하지만 나는 항상 상담의 말미에 이야기한다.

"세대 간 전수, 아시죠? 우리 세대에서 끊어버려야 해요. 당신의 아픔을 또 다시 자식에게 물려줄 수는 없죠."

이 이야기는 내 남자도, 나도, 명심해야 하는 것이다. 먼저 나는 시어머니가 아들로부터 기대하는 사랑이 남편으로부터 채우지 못한 사랑에서 비롯되었다는 것을 인정해야만 한다. 그래서 그것을 처음부터 싹뚝 싹을 잘라 없애거나, 결혼하는 순간 '요이땅' 해서 없어질 수 있는 게 아니라는 것을 말이다. 어머니와 아들이 사이가 유별나게 좋은 것을 달가워하는 며느리야 없겠지만, 그 사이가 나빠서 생기는 불화도 만만치 않다. 그리고 남편은 자신이 어머니를 향해 쏟아야 할 사랑을 조금씩 아내에게로 향하도록 노력해야 한다. 그렇다고 어머니를 '덜' 사랑하는 것이 아니다. 이제 자신의 아내가 건강하게 자녀들을 길러내고 그들을 품에서 건강하게 떠나보낼 수 있도록 도와주고, 두 사람이 함께 행복할 수 있는 삶을 준비해야 한다. 남자에게 어머니는 여전히 '참 안쓰러운' 존재이지만, 자신이 소홀하여 또 다른 '안쓰러운 존재'를 만들지 않게 하려면 반드시 그래야만 한다.

내 남자를 넘어서
내 자식마저도……
— 며느리이기 이전에 내 자식의 엄마임을 잊지 않는 법

둘째는 아들이기를 바랐는데, 둘째도 딸이 태어나자 삼대독자인 아들의 어머니가 휙 돌아서 나가버린다. 그러고 던지는 한마디.

"제 어미를 쏙 빼닮았네."

아직 이목구비도 제대로 안 드러난 아이가 엄마를 닮았으면 얼마나 닮았을까. 그저 미워서 하는 소리이지만 여자인 우리는 그 소리가 참 듣기 싫다. 집단 상담에 참여한 결혼한 지 이제 2년쯤 된 한 내담자는 그런 이야기를 했다. 이제 돌이 지난 아이가 잠을 잘 자지 않고 밤에 보채거나 등에서 떨어지지 않는 모습을 보고는 시어머니가 "우리 애는 어릴 때 너무 순해서 뒤통수 납작해질까 봐 걱정될 정도로 잤는데 누굴 닮아서 그러나." 하고 말하는 소리에 오만 정이 다 떨어지더라는 것이다. 뭐 조금 잘하면 자기 자식 닮아서 그렇고 조금 잘 못하면 누굴 닮아서 그런지 모르겠다는 말을 하는 걸 보면 그렇게 미울 수가 없다고.

그런데 참 아이러니하게도 아이가 좀 크면 마치 자신의 아이처럼 싸고돌기 시작한다. 피는 정말 진한 것이라지만 며느리인 나는 인정하지 않으면서 내가 낳은 자식에 대해서는 진한 혈육의 정을 느끼는 것은 또 왜 그런가. 나는 그토록 미워하면서 왜 내 아이에게 섞인 내 피는 인정하지 않는 것일까. 그러면서 서서히 아이의 양육에 간섭하고 책임지려는 그녀의 모습을 발견하게 된다.

"어머님, 제가 알아서 할게요."
"그래, 네 아이니까 네가 알아서 해라. 잘 하겠지."

이 정도에서 그치면 그래도 다행이다. 며느리가 자기 할 말을 요만큼이라도 할 줄 알아서 자식을 키울 권리를 야무지게 지킬 수만 있다면 말이다. 요즘은 조부모님 밑에서 자란 아이들이 어휘력도 풍부하고 훨씬 지혜로운 경우가 많다는데, 나는 그것을 부정하고 싶지는 않다. 많은 식구들과 아이들이 함께 어울려 자라는 것은 인성적인 면에서도 도움이 많이 된다. 조부모님이 못 미더워서 아이들을 절대 곁에 가지도 못하게 한다는 소리를 들을 때면 한마디 해주고 싶을 정도다. 하지만 시부모가 손자들의 양육에까지 참견하여 이래라, 저래라 하는 것은 옳지 못하다. 정말 필요한 부분에 대해 알려줄 수는 있지만 마치 자신의 아이인 양 사사건건 개입하는 것은 내 영역을 침범 당하는 느낌까지 갖게 한다.

한번은 수더분하게 생긴 한 여자가 나를 찾아와 머뭇거리며 자신의 고민에 대해 털어놓았다. 말 한마디에 눈물을 한 번 훔쳐내는 것을 보니 그동안 어지간히 속으로 삭인 모양이었다. 편안하게 이야기할 수 있도록 도와주었지만 자신의 고민을 툭 털어내지 못했다. 그 모습을 보니 '여태껏 얼마나 힘들었을까?' 하는 생각과 함께 앞으로도 아이의 어머니로서 꼭 '해야 할 말'을 할 수 있을지 걱정스러웠다.

"아이를 잃은 기분이에요."

경제적으로도 제법 여유가 있는데다, 의사인 남편을 길러낸 시어머니. 그러니 전업주부로 아이 둘을 키우고 있는 그녀에게는 상대적으로 심리적인 권한부터가 주어지질 않았다. 남편은 여자를 많이 아끼고 사랑했지만 양육에 있어서는 어머니가 고수이니 잘 따르라고 이야기를 하는 통에 처음부터 시어머니 말을 따랐다. 원래 시어머니는 아들의 일에도 사사건건 개입을 잘 하는 분이어서 그러잖아도 소외되는 느낌을 많이 받고 있었는데, 자식들마저도 나보다는 시어머니가 더 많은 영향력을 갖게 되는 것 같아 너무 속이 상하다는 것이었다.

"남편에게 힘들다고 이야기해보셨어요?"
"네. 어느 정도는요……."

남편에게는 '나도 잘할 수 있으니 믿어보라. 아이들에게는 엄마의 역할이 중요하다'고 호소했지만 '어머니와 함께' 잘 해보라고 부드럽게 말을 하더라는 것이다. 결국 아이가 입는 옷이나 먹는 것, 다니는 학교까지 시어머니가 일일이 체크하고 신경 쓴다는 것, 그래서 너무 스트레스를 받고 있다는 사실. 자칫 아이들에게 엄마가 하는 말에 대한 권위를 잃을까 봐 겁이 난다는 것에 대해서는 다 이야기하지 못했다고 한다.

차마 다 털어놓지 못해서일까, 남편은 자신이 때때로 우울감이 극심하여 잠을 이루지 못할 때도 왜 그러는지 모르는 듯하다고 했다. 시어머니가 아들이 없는 데서 자신에게 면박을 주거나 아이들에 대한 문제로 며느리인 자신에게 화를 내는 것에 대해서는 감히 상상도 못하는 것 같다고.

대부분의 남자들이 그렇듯 그 남편 또한 여자의 우울한 기분이나 의기소침해진 모습을 통해서는 도저히 그 무엇도 눈치를 채지 못하고 있는 듯했다.

"아이들에게 어머니로서 권위를 갖고 싶으세요?"

"아니요. 다만 아이들과 함께 울고 웃고…… 내 아이들과 남들처럼……"

말을 다 맺지 못한다.

"자, 내 말을 따라 해보세요. '내 아이를 돌려주세요. 내 아이는 내가 키우고 싶어요!'"

나는 지금 이 여자에게 필요한 것은 자신의 속에 있는 이야기를 정당하게 어머니에게 건네고, 타협안을 찾도록 하는 것이라 여겨졌다. 그런데 그 속에 있는 이야기를 꺼내기엔 이미 너무 주눅 들어 있고 우울해져 있었다. 그래서 우선 내 방에서라도 큰 소리로 연습을 해볼 수 있게 했다. 처음에는 내 말을 따라 하지 못하고 고개만 숙이고 있더니, 나중에는 큰 소리로 두 번, 세 번 소리치면서 마음속 소망을 끄집어냈다. 절규라는 것이 이런 걸까? 자식을 향한 어미의 부르짖음. 결국 그녀는 폭포같은 눈물을 쏟아냈다.

"이제 집으로 돌아가 어머니에게 말하세요. 이대로 말하는 겁니다. 그리고 실제로도 열심히 노력해야 해요. 당장 시어머니를 완전히 배제시킬 수 없겠지만 어머니는 조언을 구할 수 있는 역할로만 남겨두세요. 그리고 어머니와 아이들 간에 예전보다 조금 더 거리를 두는 연습이 필요할 겁니다. 남편에게도 세세하게 그동안의 일들을 이야기하고 도와달라고 말해보세요. 아주 꽉 막힌 분은 아닌 것 같으니까요. 무엇보다 이런 일로 아내가 속상해하고 우울로 치달아 급기야 가정이 깨지는 것을 원하지는 않을 겁니다."

남편의 삶에 그치지 않고 나의 영역까지 침범하고 들어와 내 자식마저도 당신의 자식인 것 마냥 간섭하려는 시어머니의 행동은 옳은 일이 아니다. 나는 이 집의 며느리이기 이전에 남편의 아내이고 내 자식의 어머니다. 그 사실을 잊어서는 안 된다.

아무리 노력해도
나는 내 남자와 그 여자의 이방인이다
― 내 남자의 위치를 이해하고 받아들이는 법

　폐백을 할 때 여자들이 시댁 어른들로부터 가장 많이 듣는 말은 "잘 살아야 한다. 이제 너는 내 딸이다." 하는 것이다. 그런데 주변을 아무리 둘러보아도 딸 같은 며느리는 없다더라. 며느리는 며느리일 뿐이다. 이것은 통념상 하는 이야기가 아니라 상담 사례에도 부지기수다. "저는 시어머니가 너무 편해서 엄마라고 불러요. 말도 편하게 하고요."라고 말하는 경우도 봤지만 실은 뒤집어 까보면 그래서 더 말 못할 사정들만 수두룩하다.

　우리나라 며느리들은 결혼을 하는 순간부터 참 많은 노력을 한다. 며느리가 아니라 딸이 되기 위해서 말이다. 결코 그렇게 될 수 없다는 것을 알면서도 최대한 가까워지기 위해서는 노력한다. 30년 가까이 다른 환경에서 살다가 낯선 그 가문으로 발을 디디게 됐을 때 느끼는 그 어색함. 살아온 방식 자체가 다른 내가 그 집안의 환경에 적응을 해야 한다는 사실만으로도 수시로 눈물이 핑 도는 일이다. 옛날처럼 한 집에서 같이 사는 일이 드물어 그나마 다행이지만, 집안 경조사는 물론 수시로 그 집을 드나들며 이제 한 식구로 부대끼며 살아야 한다는 사실은 어지간히 성격이 서글서글하지 않은 이상 부담감으로 다가올 수밖에 없다.

"사랑하는 남편을 낳고 길러준 어머니인데 왜 고맙지 않겠어요? 처음 뵙게 됐을 때 느낌이 어려운 거지 미운 건 아니잖아요. 그래서 나름대로 정말 노력하는데 그 마음이 가닿지 않을 때는 너무너무 힘들어요. 그리고 작은 걸로 한 번 틀어지면 골도 깊어지고……."

그렇다. 내 남자를 존재하게 해준 사람인데 왜 내가 그녀를 다짜고짜 미워해야 하는가. 처음부터 며느리와 시어머니 사이가 나빠야 한다는 공식 같은 게 있는 것도 아닌데. 그래서 며느리들은 처음엔 대부분 잘 보이기 위해서, 잘 지내기 위해서 노력한다. 하지만 며느리의 진심이 시어머니에게 전달되기란 참 어렵다. 이런 이야기를 하며 마음 아파 우는 여자들을 참 많이 보았다. 그렇다면 왜? 대체 왜 그런 걸까?

그것은 서로 간의 선입견 때문이다. '시어머니'와 '며느리'는 역할을 넘어 가족으로서의 관계가 정립이 되어야 하는데 결코 그럴 수가 없다. 한 남자를 동시에 소유해야 하는 숙명적 대립 관계에 놓이기 때문이다. 거기에서 지혜를 발휘하고 양보심을 발휘하기란 참 어렵다. 그러니 아직 만나지도 않은 '시어머니'가 무서운 존재이고, 나에게 함부로 해도 되는 존재(옛날에는)이며, 심할 때에는 남편을 데려갈 수도 있는 존재로 느껴질 수 있다. 이는 그녀에게도 마찬가지다. 나란 존재에 대한 선입견은

'내 며느리는 내 새 식구'이기 이전에 '내 아들을 데려간 사람'이다. 딸처럼 대하기엔 아들의 너무 많은 부분을 차지해버린다. 그것을 견뎌내는 일은 살을 깎아내는 일처럼 힘들 것만 같다. 그러니 부딪히기도 전에 벌써 부담스러운 존재가 된다.

나는 결혼을 앞둔 커플을 상담할 때 항상 "결혼 전에는 두 눈을 똑바로 뜨고 보고, 결혼 후에는 두 눈을 감으라"고 이야기한다. 하지만 대부분이 이를 반대로 하고 후회하곤 한다. 결혼 전에는 두 눈을 질끈 감고 무엇이든 용인할 수 있을 것처럼 하다, 결혼을 하고 나면 두 눈을 똑바로 뜨고 모든 상황을 현실적으로 보게 된다. 그러면서 며느리는 '어머니가 나를 혹시 이렇게 하는 건 아닐까?' 하는 생각들에 휩싸이게 된다. 시어머니도 마찬가지다. 그녀대로 '며느리가 내게 이렇게 하는 건 아닐까?' 하는 생각에 젖어든다. 있지도 않은 일들을 상상 속에서 끊임없이 확대 재생산하는 것이다. 이런 생각의 대립이 첨예하게 지속되다 보면 서로의 진심이 맞닿기도 전에, 서로에게 잘하고 싶고 사이좋게 지내고 싶은 본심은커녕 자신의 남자를 보호하느라 방어전을 펼치고 결국 공격전까지 해가며 관계에 금을 만들고 만다.

항상 시어머니와 며느리가 싸우면 '중간에서 남자가 잘해야 한다'고 말들을 한다. 그런데 도대체 우리나라 남자들의 몇 퍼센트가 이 상황에서 지혜롭게 잘할 수 있을까. 누구 편도 들 수 없는 그의 목을 조르며 '이 관계를 해결해 달라'고 협박하는 것보다는 두 여자가 선입견에서 벗어나는 편이 빠르다고 말하고 싶다.

시어머니는 낯선 환경에 처한 며느리가 더 이상 이방인이 아닌 한 식구로 인정받고 싶어 하는 모습을 받아들이고 아들이 오롯이 며느리 편이 되어줄 수 있도록 마음을 열어야 한다. 그리고 며느리는 결코 시어머니의 딸이 될 수 없다는 사실을 받아들여야 한다. 그러니 아무리 잘해도 딸처럼 대해주지 않는 시어머니를 야속해해선 안 된다. 실제로 우린 딸이 아니지 않은가. '며느리'라는 역할에 정해진 공식이란 없지만 그동안 사랑하는 남편을 이만큼 키워준 어머니의 고생에 보답한다는 생각으로 공경하라. 나도 결코 우리 부모님에게 하는 것만큼 시어머니에게 진심 어린 마음으로 속속들이 챙겨드릴 수 없다는 건 똑같다. 그러나 그렇게까지 할 수는 없어도 노력할 수는 있으니까. 그리고 그만큼이면 충분하다.

남편은 자신이 어머니를 향해 쏟아야 할 사랑을 조금씩 아내에게로 향하도록 노력해야 한다. 그렇다고 어머니를 '덜' 사랑하는 것이 아니다. 이제 자신의 아내가 건강하게 자녀들을 길러내고 그들을 품에서 건강하게 떠나보낼 수 있도록 도와주고, 두 사람이 함께 행복할 수 있는 삶을 준비해야 한다. 남자에게 어머니는 여전히 '참 안쓰러운' 존재이지만, 자신이 소홀하여 또 다른 '안쓰러운 존재'를 만들지 않게 하려면 반드시 그래야만 한다.

Chapter 4.

내 남자의
그 여자는
어떤 유형일까

어머니에게 '유형'이 있다고 말하면 너무 분석적인가? 그런데 실제로 심리학을 공부하다 보면 이것이 얼마나 중요한지를 깨닫게 된다. 나는 어떤 부모 밑에서 어떠한 정서적 유산(부모가 자녀에게 남겨줄 수 있는 경제적인 유산, 외모에 대한 유산 외에 인성이나 습관, 감성 등 정서적인 면에서 줄 수 있는 유산)을 받으며 자랐는가? 그것을 이해하는 것은 나 자신뿐 아니라 앞으로 내가 맺게 될 모든 관계를 이해하는 데 큰 도움이 된다.

생각해보면 나의 어머니는 이런 유형이었구나, 그래서 내가 그녀에게서 이러한 영향을 받았고 나는 또 내 아이에게 이런 유형의 어머니가 되어가고 있구나, 하는 걸 느낀다. 이것을 아는 것과 모르는 것은 앞으로 자녀를 양육하는 것뿐 아니라 내 남자와 내 남자의 어머니를 이해하고 더 행복한 삶을 꾸려 가느냐, 못 하느냐에서 커다란 차이를 가져다준다. 우리의 남자는 우리가 기대하고 꿈꾸는 '완벽한' 사람이 아니기 때문이다.

'아니 왜? 왜 내가 생각한 그 사람이 아니지?'

그것은 그들이 정서적으로 불안전한 부모 밑에서 자랐고, 그를 통해 형성된 성격과 그로 인해 받은 상처들을 고스란히 안고서 당신과 결혼했기 때문이다.

그래서 세 가지 정도로 어머니 유형을 알려주려고 한다. 이 유형들은 나 자신을 이해하고, 내 남편을 이해하는 데 큰 도움이 될 것이다. 그리고 나아가 지금 미혼이든 아니든, 앞으로 좋은 부모가 되는 데 많은 영향을 미칠 수 있을 것이다. 아는 데만 그치지 말고 바꾸어나가기 위해 부단한 노력을 해야겠지만 말이다.

카멜레온 :
하루에도 열두 번씩 변하는 그 여자

─ 예측 불가능한 어머니 유형

　어머니의 유형 중 '예측 불가능한 어머니'로 분류되는 이 유형은, 쉬운 말로 자신의 기분에 따라 자녀를 양육하는 경우를 의미한다. 자녀를 사랑하기는 하지만 자녀들을 대할 때 일관성이 없다. 기분이 좋을 때와 나쁠 때, 들떠 있을 때와 우울할 때가 너무 극명하게 달라서 자녀들과 교감을 할 때에도 항상 변덕스러움이 나타난다. 아마 이런 설명을 해주면 겉으로 표현하진 않지만 '내가 조금 그런 성향인 것 같다'고 느끼거나 '주변에 그런 사람이 있었던 것 같다'는 느낌을 받게 될 것이다.

　보통 이런 어머니들은 항상 갈등의 먹구름, 임박한 비운, 금방 닥칠 듯한 재앙 혹은 판단의 오류가 주위에 가득하다고 생각한다. 감정이 편안한 것을 오히려 오래 두지 못하며 자신의 감정과 인간관계를 통해 마음속에 위기상황을 만들고 이를 자녀들에게 물려주기 일쑤다. 이런 사람들은 다른 이들과 안정적이고 확실한 관계를 맺고 싶어 하긴 하지만 그렇게 할 수 있는 정서적 능력이 부족하다. 심리적으로 어떤 이슈가 생겼을 때 이를 스스로 이해하고 대응하는 능력 또한 부족하다. 더불어 자녀와의 관계에서도 분명한 감정적인 선을 긋지 못한다. 그래서 감정적인 문제들을 극단적으로 처리해버리기 일쑤다.

이렇게 자식들과 안정적이고 일관된 정서적 교감을 이루지 못하는 어머니 아래서 자란 아이들은, 자기만의 '관계 형성 기술'을 익히게 된다. 내가 아는 어떤 아이는 아동기의 대부분을 그런 어머니를 행복하게 해드리려고 노력하는 것으로 보냈다. 어머니는 늘 감정의 기복이 심했고 불규칙한 행동들을 했지만 아이는 그것을 견디면서 어머니에게 맞춰주려고 한 것이다. 겉으로는 무척 성숙해 보이지만 그 아이가 가진 정서가 또래나 다른 사람에 비해 정상일 리가 없다.

보통 이런 아이들은 학교에 들어가기도 전에 엄청난 사회생활 능력을 갖게 되고 다른 사람의 감정을 이해하는 능력을 배우게 된다. 그래서 정상적으로 부모와 관계를 맺은 아이들보다 훨씬 더 많은 책임감을 가지고 있다. 나중에 이런 사람들은 자신이 사랑하는 사람의 보호자 역할을 하지 못하게 되면 큰 죄책감에 시달리기도 한다. 이런 행동양식은 마약과도 같아서, 인간관계를 할 때 항상 서로에게 요구되는 경계선을 확립하지 못하게 하고, 상황을 객관적으로 직시할 수 없게 만든다. '내가 지금 이렇게 행동하는 것이 맞을까? 이렇게 했을 때 내가 손해를 보거나 감정에 상처가 나지는 않을까?' 이런 것들을 제대로 볼 수 없게 되는 것이다. 그 고통이 느껴진다 하더라도 적정선을 넘을 때까지 스스로 모른 척하기도 한다.

그렇다면 왜 '예측 불가능한', 카멜레온 같은 어머니가 되는 것일까? 이 유형은 자라는 과정에서 자신이 지닌 정신적 유산에 대한 감정적이고 정신적인 이해가 결여되어 있을 때 생겨난다. 아이를 대할 때 이랬다저랬다 감정 기복이 심한 어머니, 예측 불가한 행동으로 가족을 폭력 상황에 노출시키는 아버지, 늘 불안하고 위태로워 평화의 상태가 오히려 낯선 가정. 이런 곳에서 불안정한 애착유형은 시작된다. 대부분 갈등을 일으키는 어머니와 자녀 관계를 보면 이런 어머니 유형에서 시작된 경우가 많다. 이전 세대, 즉 외할머니와 어머니로부터 계속 쌓여온 해결되지 않는 문제들이 어머니의 인생에 불안정한 감정적 토대를 만드는 것이다. 이렇게 변덕스러운 어머니 밑에서 자란 아이들은 주로 특정 행동을 보이게 되는데, 크게 네 가지 정도로 나눌 수 있다.

① 감정적인 드라마 킹/퀸 행동양식

'드라마 킹 혹은 퀸'이라는 것은 주인공이 되지 않으면 힘들어한다는 의미와도 같다. 이런 사람들은 일반적인 상황에서도 스스로가 버림받거나, 사랑받지 못하거나, 무시당한다는 다소 과장된 두려움에 빠져 있다. 자신에 대해 감정적으로 확신을 갖지 못하고, 자신의 문제에 대해 지나친 관심을 불러일으키기 위한 극단적 상황을 만들어간다. 처음으로 사랑받고 보살핌을 받았다고 느낄 때면, 다시는 실망감을 느끼지 않기 위해 모든 것을 회피한다. 과도하거나 극단으로 치닫지 않고서는 원하거나 필요한 것을 요구하는 방법을 알지 못한다.

② 수동적-공격적 행동양식

스스로의 감정, 생각, 믿음을 직접 말하거나 대응하는 것을 감정적으로 회피한다. 싫다고 말하는 것을 극히 불안해하고, 거절했을 때의 결과를 두려워한다. 대신, 다른 사람들이 바라는 답을 내놓는다. 자신의 진짜 견해를 표현하는 것을 두려워한다.

③ 상호의존적인 개성

사랑받고, 인정받기를 원하면서 다른 사람을 지나치게 도와주고, 지원해준다. 어머니, 배우자 그리고 자신과 관계를 맺고 있는 다른 사람들을 돌보기 위해 스스로의 한계를 넘는다.

④ 회피, 불안, 기분파, 불안정한 행동양식

감정의 기복이 극도로 크며 주기적으로 절망감에 빠진다. 다른 사람들은 왜 자신만큼 감정적인 불편, 불안, 두려움을 겪지 않는지 이해하지 못한다. 그래서 범하는 가장 큰 실수는 배우자, 자녀, 친구, 혹은 세상에 책임을 전가하는 것이다.

한겨울의 서리 :
냉정하고 냉혹하며 도도한 그 여자

— 자기중심적 어머니 유형

겉으로 너무나 냉혹하며 도도해 보이는 이 유형의 어머니는 자기 주변의 사람이나 상황을 지나치게 통제하려 들고 항상 걱정이 많고 불안해한다. 겉으로 보면 걱정도 없어 보이고 일처리도 깔끔하게 잘하며 마치 세상의 중심이 자신인 것 마냥 행동하지만 실은 그 내면 속에는 수많은 두려움과 걱정, 통제할 수 없는 자기 삶의 많은 부분에 대한 극심한 공포가 넘쳐난다. 이들은 진심으로 사랑받고 인정받지 못했기 때문이다. 자신의 존귀함, 즉 자존감을 획득하지 못했기 때문에 자신을 믿지 못한다. 그러니 당연히 자신의 자녀들에게 자아수용, 자아존중, 자기애와 같은 개인적인 통제력을 가르칠 수 없다. 책임지는 것과 적절하게 행동하는 것의 가치는 알지만, 아이들을 위한 진정한 사랑과 이해가 중단된 상태이다. 남들이 보기에는 너무나 완벽하고 아이들도 잘 기르는 듯 보이지만 정서적 맥락에서 보면 아이들에게 상처를 입히는 유형으로, 사실 무척 난감한 유형이다.

이런 어머니는 겉모습과 완벽함이 인생의 전부다. 그러다 보니 실제로 해결되지 않는 문제가 생기면 이를 은폐하려 들고 자기 자신이나 자신의 불완전함에 대해 혹평하는 것을 들으면 정신적인 건강을 잃는다. '자기중심적 어머니'라고 일컬어지는 이 유형은 흔히 우리가 많이 보아 온 '주목받고 싶어 하는' 어머니 유형이다. 내 자식은 남보다 나아야 하며 늘 다른 사람들에게 화가 나 있다. 이런 어머니는 보통 자신감은 넘치지만 실은 허약한 자긍심을 가진 경우가 대부분이다. 자식들 또한 자신의 의견에 동의하고 자신을 따라줄 때에만 사랑할 수 있다.

이러한 어머니는 '내가 제일'이라는 양육방식을 통해 성장한 경우가 많다. 여러 가지 걱정, 관심의 정도, 그리고 특별해야 한다는 일관된 집착에서 감정의 급격한 변화가 일어나고 불안정한 감정 상태를 가지게 된다. 자식을 자신의 손 안에서 쥐락펴락하고 싶어 하는(그것이 절대적으로 옳다고 생각하는) 부모는 자식들이 독립해 홀로 서는 것을 허락할 리가 없다. 따라서 아이들은 계속해서 좌절과 혼란을 겪으며 자라나게 된다.

사랑을 받으려면 어머니를 행복하게 해주어야 한다고 배웠기에 감정적 빈곤과 불안정이 온다. 아이는 어머니를 진심으로 기쁘게 해드리고 자신의 어머니를 위로해야 한다는 것을 알지만 그 후에는 공허함을 느끼고, 내가 누구인가, 스스로 할 수 있는 것은 무엇인가, 나 자신을 위해 선택할 수 있는 것은 무엇인가…… 고민 속에 스스로를 하찮다고 여기며 존재감이 떨어지게 되는 것이다. 이는 감정의 빈곤(감정적으로 메마른)을 불러와 남에게 공감하지 못하는 사람으로 성장하게 한다.

보통 자신의 의견을 제대로 내놓지 못하고 '마마보이'처럼 어머니를 찾는 아들들이 이런 어머니 유형 아래에서 자란 경우가 많다. 자신이 의사결정을 하고서도 늘 의심하며 어머니에 의해 동의를 얻어야 하는, 이끌린 삶을 살게 되는 것이다. 남에게 잘 보이기 위해 자신이 할 수 있는 일을 다 하지만 한계를 느낄 때가 많고, 남녀를 불문하고 보통 이렇게 자란 사람들은 어떤 문제에 닥쳤을 때 화를 주체하지 못하거나 그 어려움에 대해 세상을 원망하게 된다.

이러한 정서를 가진 어머니는 자신의 생각이나 감정보다는 타인의 것을 훨씬 중요하게 생각하며 오직 겉모습으로만 사람들을 판단한다. 그렇다 보니 이런 어머니 밑에서 자란 아이들은 겉으로 보이는 것을 중심으로 모든 것을 판단하고 그것에 의해 살아가는 사람이 된다. 스스로 내면의 안정감을 통제하고, 자아를 수용하고 자아를 존중하며 자기를 사랑하는 등의 개인적 통제력을 배운 적이 없으므로 이러한 정서들이 결여된다. 겉으로 보이는 것이 완벽하지 못하다고 느껴질 때 스스로 수치심을 느끼기도 한다. 완벽성을 추구하지만 내면은 늘 혼란스럽고, 자기애가 약한 아이로 자라나는 것이다.

물에 젖은 솜 : 깊은 무기력, 오랜 우울감에 빠진 그 여자

— 무기력한 어머니 유형

이 유형의 어머니들은 낮은 자존감을 갖고 있으며 언제나 심리적으로 깊은 무기력 상태에 있어서 자녀를 양육하면서 감정적인 피드백과 정서적인 의사소통을 제공해주지 못한다. '지금', '여기'를 직시하는 능력이 떨어져 자녀의 상황을 이해하고 적절한 조치를 취해주지 못하기 때문에, 자녀에게 또한 낮은 자존감을 안겨주게 된다. 자존감이란 자아존중감의 약자로, 개인의 정체성을 형성하는 데 기초가 되는 개인적 가치와 능력에 대해 느끼는 감각이다.

어린 시절의 가족 관계는 자존감 발달에 결정적 역할을 한다. 부모는 아이가 도달할 수 없는 높은 기준을 설정하기보다는 현실적으로 성취할 수 있는 목표를 설정하도록 도움으로써 자존감을 길러줄 수 있다. 또한 부모는 아이들을 지원해주고 애정을 표현함으로써 자존감을 키워줄 수 있다.

문제는 자존감이 훼손되거나 결여되었을 때 이들이 삶을 바라보고 처리하는 태도다. 더 큰 문제는 이들이 어머니라는 이름으로 살아갈 때는 비단 이들만의 문제를 넘어선다는 것이다. 스스로 자신의 존재감을 느끼지 못하는 이들은 지나치게 누군가에게 의존하게 되고, 그 누군가의 평가와 인정, 결단에 자신의 삶을 송두리째 맡겨버린다. 이것이 문제의 시작이다. 대다수 이러한 유형의 어머니들은 깊은 무기력과 우울감에 빠지게 된다. 나를 평가하는 대상은 항상 나를 바라봐주고, 긍정적인 평가를 내려주거나 사랑해주지 않기 때문이다. 벌써 이러한 설정 자체가 건강한 관계가 아니지 않는가. 나를 사랑해주면 좋고, 나를 멀리하면 아프고. 이를 반복하는 관계는 상대방을 쉽게 질리게 만들고 상대방으로 하여금 떠나가게 만든다.

이러한 관계 패턴에서 다른 유형의 어머니들은 또 다른 의존의 존재로 자녀를 선택하고 에너지를 쏟는 데 반해, 이 유형의 어머니는 삶이 모두 끝나버렸다는 패배의식에 사로잡혀 모든 것에서 손을 놓아버린다. 밥하는 것이 귀찮고 청소하는 것이 귀찮고 아이들도 귀찮고 남편도 귀찮고…… 결국, 사는 것이 귀찮다. 그러니 자살을 택한다. 이러한 어머니 밑에서 자란 자녀는 마땅히 받아야 할 사랑을 받아본 적이 없다. 사랑을 달라고 칭얼대었으나 주지 않는 어머니, 그리고 자신의 행동에 반응하지 않는 어머니에 대해 아이들은 결국 분노의 감정을 쌓아가게 된다.

실제로 쌍둥이 자매를 둔 한 어머니는 남편의 외도 때문에 밤낮 누워서 세월을 보냈고, 자녀들의 건강이나 학업에는 전혀 신경을 쓰지 않았다. 밤인지 낮인지 모르게 방의 불은 늘 꺼져 있고 아이들은 서로에게 의지하며 끼니를 해결하고 학교를 다니지만 그 불만을 아파 누워 있는 어머니에게 이야기하지 못했다. 자신들의 아빠가 저지른 잘못 때문에 어머니가 그만큼 힘들다는 것을 이미 알고 있고, 그것을 건드리기에는 이미 어머니가 너무 힘겨워 보였기 때문이다. 결국 두 아이는 큰 아이부터 차례로 가출을 시도했다. 오랜 시간이 지나 정말 드라마 속 한 장면처럼 자신의 동생을 발견한 언니는 동생의 비루하고 넋 나간 모습을 발견하고는 너무 충격을 받고 동생을 데리고 정신병원을 찾아갔다고 한다. 무척 가슴이 아픈 사례였다.

또 얼마 전 가족관계와 관련된 여러 사례를 다루어주는 프로그램에서, 실제로 아이 두 명이 부모님을 고발한 경우를 보았다. "제발 우리 좀 살려 달라"고 호소하는 아이들의 이야기를 듣고 취재원들이 집을 찾아가서 보니, 껌껌한 방에 어머니는 혼자 누워 있고 대체 몇 달이나 손을 안 댔는지 모를 부엌은 엉망인 채로 있는 것이었다. 생존에 위협을 느낀 아이들이 어머니를 직접 고발을 한 것이다.

사실, 나는 이런 케이스를 볼 때마다 가슴은 무척 아프지만 그렇게 무기력감에 빠진 여자들의 심정을 한편으로는 이해할 수 있다는 생각도 들곤 한다. 나도 가끔 내 아이들이 생생우동을 먹을 때면 아직도 마음이 편하질 않다. 한때 남편 때문에 힘겨운 시간을 보내던 때에 나 역시 아무것도 하고 싶지 않아 방에 불을 꺼두고 누워서, 아이들이 들어오면 겨우 몸을 일으켜선 끓인 물에 생생우동을 풀어주곤 했다. 그러곤 식은 밥을 그 국물에 말아 먹이곤 했는데, 지금도 그때 생각을 하면 목이 메어온다. 무기력증에 빠진 여자들의 심정은 충분히 이해하지만, 그것이 아이에게 정말 나쁜 영향을 미칠 수 있다는 생각(앞에 말한 것처럼 자식마저 정신병자가 되는 경우도 많다)을 하면 섬뜩하다. 나는 얼마 지나지 않아 정신을 차리고 자리를 박차 일어났지만 너무 장시간 동안 그런 습성을 보일 경우 아이에게 마치는 영향을 어마어마하다.

이렇게 무기력한 유형의 어머니에 대하여 카렌 호나이Karen Horney(독일 출생의 미국 정신분석학자)는 낮은 자존감은 과도하게 인정받기를 원하고 애정을 갈망하며, 개인적 성취에 대한 극단적인 열망을 표현하는 성격으로 이어진다고 주장했다. '과도하게, 극단적인'으로 표현되는 감정들은 보통 사람들이 느끼는 평범한 감정들이 아니다. 즉 이들은 남들보다 지나치다 할 만큼, 때론 성취와 인정을 위해 끔찍한 짓을 저지를 수도 있는 에너지를 가지게 된다. 알프레트 아들러A. Adler(심리학자, 열등감 이론을 만들어냄)의 이론처럼 낮은 자존감이 스스로 느끼는 열등감을 극복하기 위해 노력하고, 자신들의 강점과 재능을 발달시키기 위해 분투하는 기폭제가 되면 좋으련만 실상은 그렇지 못한 경우가 대부분이다.

Chapter 5.

그 여자는
내 남자의
첫사랑이었다

둘째인 아들이 태어나던 날, 이것이 기적이 아닐까 생각했다. 내 몸으로 첫째도 낳기 힘들었는데 둘째라니. 게다가 아들이어서 시어머니도 남편도 모두 좋아했다.

물론 첫째인 딸아이도 너무 아끼고 사랑하지만 워낙 제 아빠와 사이가 좋아, 반대로 아빠와 사이가 좋지 않은 아들에게 나는 더 많은 애착이 갔다. 첫째를 키우며 겪었던 시행착오(나는 딸아이를 완벽하게 키우기 위해 늘 스파르타식으로 아이를 닦달했고, 심리학에 발을 들여놓으면서 비로소 내가 얼마나 잘못된 양육 방식으로 아이를 힘들게 하고 있었는지를 깨달았다)를 바탕으로 아들에게는 훨씬 더 좋은 엄마가 될 수 있었다. 그래서인지 아들은 무엇이든 잘 해내며 부모 속이라곤 썩힐 일 없는 딸아이와는 달리 수시로 사고를 뻥뻥 치는 소위 문제아이면서도, 나에게만큼은 늘 깍듯하고 비밀까지 털어놓는 가까운 아들 역할을 했다.

살갑고 서글서글한 성격의 아들은 내가 좀 힘들어 보일 때면 내 등을 안고 듬직하게 날 위로해주는, 도저히 나와 분리해서는 생각하기 힘든 그런 존재다. 내가 아들을 생각하는 만큼 나에 대한 아들의 애정도 말할 수 없을 만큼 깊고 크다. 누구보다 엄한 아빠가 자신의 잘잘못을 응징하려 들 때마다 참지 못해 집을 뛰쳐나가거나 그래선 안 된다는 걸 알면서도 자신도 모르게 아빠에게 대들기도 하지만, 그런 일들로 속상해하는 나를 볼 때면 다시 자신의 고집을 꺾고 수그러들곤 한다.

녀석이 중국에 있을 때, 유달리 미각에 민감한 녀석은 이것저것이 먹고 싶다고 메일에 써 보냈었다. 바쁘단 핑계로 잘 챙겨주지 못했던 나는 녀석이 한국에 들어오면 다른 것은 몰라도 먹고 싶은 음식을 해 먹이는 데 아낌없이 시간을 할애했다. 팥죽이 먹고 싶단 녀석에게 팥죽을 쑤어 주던 날! 엄마의 힘든 노동의 대가라도 치르듯 트로트를 과장된 몸짓에 맞추어 불러주었다.

"당신은 나의 동반자~ 영원한 나의 동반자!"

나는 싫지 않은 얼굴로 눈을 흘기며 말했다.

"네 동반자를 여기서 찾으면 어떻게 해? 엄만 아빠 동반자거든?"

입은 그렇게 내뱉고 있었지만 백 허그를 해오는 녀석의 두 손을 뿌리치지 않고 가만히 서있었던 나는 두 눈이 뜨거워짐을 알았다. 이 녀석이. 나와 이렇게 가까웠던 이 녀석이 곧, 내 곁을 떠나야 한다는 것을 알고 있기 때문에. 하지만 내 등을 안고 조용히 나를 위로하던 그 녀석의 말을 완전히 잊을 수 있을까.

"내가 엄마에게 그러면 안 되는 거잖아. 난 엄마가 힘든 건 보고 싶지가 않아요."

아이가 태어나 세상을 향해 눈을 떴을 때 가장 먼저 보았던 것이 바로 '엄마'란 존재, 나였다. 자신에게 입을 맞추고 사랑을 퍼부어주며 눈물을 흘리면 젖을 내어주고 엉덩이에 코를 대어 냄새를 맡아주고 떼를 쓰면 잘못한 것도 없으면서 미안해하는 존재. 아들은 그 존재가 시야에서 사라지면 고통스러워진다는 걸 알게 되고, 어머니가 떠날까 봐 두려움도 느끼게 된다.

아들이 태어나 가장 먼저 사랑하게 되는 존재, 어머니. 그녀는 그의 첫사랑인 것이다.

그 여자의 가슴에
찬바람이 불던 날
— 더 이상 '품안의 자식'이 아님을 받아들이는 법

엄마가 첫사랑이었던 아들은, 언젠가 이루어질 수 없는 첫사랑을 떠나 자신의 마지막 사랑을 찾아 나선다. 하지만 자식을 키워본 사람이라면 이해할 수 있을 것이다. 아들이나 딸이 자신의 짝을 찾아 떠나기 전에 이미 여러 번 우리의 마음을 아프게 하며 의도하지 않게 분리되는 순간들이 온다는 것을.

그 순간들을 참아내고 결국 아들을 다른 사람에게로 보내야 할 때 어미는 큰 공허함을 느낀다. 그동안 품안의 자식이라고 생각했던 아들이 처음으로 '이제 얘가 더 이상 품안의 자식이 아니구나, 내 품에서 떠나보내야겠구나.'라고 생각하던 날, 그 혼란스러움을 감당하기 위해 짜증을 부리기도 하고 울기도 하고 인정하고 싶지 않음에 애를 먹기도 한다. 그것은 엄마가 아들을 다른 여자에게 보내는 꼭 그 날만을 의미하는 게 아니다. 아들이 처음으로 말도 없이 집에 들어오지 않았을 때, 엄마와의 약속을 어겼을 때, 해선 안 되는 행동을 하고는 의기소침해 있을 때…… 등 수없이 많은 순간일 수 있다.

아버지가 한의사이고 어머니가 교수인 내 아들은 공부를 잘하지 못한다. 어릴 때 중국어에 취미가 있어 그쪽으로는 누구보다 뛰어나다고 자부할 수 있지만 그 외에는 사실 내가 보아도 공부에 취미가 있는 것 같지는 않다. 게다가 리더십(아이 아버지 말로 '쓸데없는 리더십')은 강해서 어딜 가든 우두머리 노릇을 해야 하고, 그러다 보니 서 살 터울로 위에 있는 누나보다 훨씬 사고도 많이 치고 돈도 많이 든다. 그래서 아버지는 이 아들이 탐탁치가 않다. 심하게 혼을 내어도 그 순간뿐, 아버지가 원하는 아들의 모습대로 되려면 아직도 멀었다. 아니, 영원히 불가능할 것 같기도 하다.

나는 그런 아들이 너무 안쓰럽다. 부모님이나 누나에 비해 턱없이 부족한 모습의 자신이, 실은 너무 주눅이 들 때가 있다는 얘길 털어놓았을 때는 더욱 그랬다. 그래서 사람들이 엄마, 아빠가 뭐하시는 분이냐고 물으면 그냥저냥 얼버무릴 때도 많다고 했다. 요즘이야 그렇지 않지만 어쨌든 하루가 멀다 하고 아버지에게 박살이 나는 아들이라 나도 모르게 싸고돌게 됐다. 아침부터 실컷 혼이 나고 학교를 나서는 날이면 '괜찮아 우리 아들, 엄마가 있잖아. 힘내.'라는 문자를 보내는 것도 일과처럼 되었다. 그러면 우리 아들은 '엄마, 저 괜찮아요. 매번 신경 쓰이게 해서 정말 죄송해요. 엄마에게도 제가 있잖아요. 정말 좋은 아들이 되도록 노력할게요.'라고 답을 보낸다.

이런 아들을 떠나보낸다는 생각을 어떻게 할 수 있을까? '다 필요 없어, 나에겐 너뿐이야.' 이 말이 목구멍까지 차오르는 순간에도 그래선 안 된다는 것을 알기 때문에 참는다. 그건 아이가 자유롭게 자신의 삶을 꾸려갈 수 없도록 발목을 잡는 것이나 다름없으니까.

어느 날 강의가 끝나고 좀 늦게 집으로 갔는데, 현관에서부터 고래고래 소리를 지르는 소리가 울러 퍼졌다. '무슨 일이지?' 나는 다급한 마음에 신발도 제대로 벗지 않고 달려 들어갔는데, 딸아이가 문 앞에서 나를 보며 문을 열지 말라는 사인을 주는 것이었다. 대체 무슨 일이냐며 딸아이를 데리고 다른 방으로 가서 물었더니, "오늘 담배 피우다 아빠한테 들킨 모양이에요."라고 대답을 하는 것이다. 아들은 그때 겨우 중학교 3학년이었는데, 그럴 리 없다고 아빠가 뭘 잘못 안 게 아니냐며 도리어 고개를 저으며 딸아이를 나무랐지만 마음은 점점 복잡해져왔다. 아빠가 아이를 혼내고 있는데 들어가서 말리는 일도 그리 바람직하진 않은 것 같아서 문 앞에 기대고 서서 아빠와 아들이 하는 이야기를 듣기 시작했다.

"아빠는 네가 거짓말하는 건 절대 용납할 수 없어. 그러니 똑바로 말해. 담배! 피는 거 맞니?"

나는 그날, 내 아들의 입에서 '아니'라는 답이 나오기를 바랐다. 만약 '제가 그랬어요.'라고 인정하는 말이 나오게 되면 그대로 무너질 것만 같았고, 왠지 모르게 이 녀석과 내 관계의 끈이 끊어질 것만 같아 두려웠다. 지금 생각해보면 인정한다는 것과 그렇지 않은 것 사이의 차이가 뭐 그리 큰 문제였을까마는 그때는 절박했었다. 그래서 현실적으로는 아이가 '맞아요, 제가 그랬어요.'라고 할 줄을 알고 있으면서도 안에서는 '그럴 리가 없어. 아닐 거야.'라고 부정하며, 끊임없이, 내 마음을 그 모든 힘든 사실들로부터 방어하기 시작했다.

"네, 맞아요. 제가 그랬어요."

나는 아들이 그 대답을 하는 순간 문에 기대고 있던 채로 바닥에 주저앉았고, 곧 '찰싹' 하며 아이에게 손을 대는 남편의 소리가 들려왔다. 나는 그제야 방으로 들어가, 이 상황에 너무 화가 난 남편을 진정시키며 딸에게 넘겼고, 난 고개를 숙이고 있는 아들을 안으며 침대에 앉혔다.

"엄마는 널 이해할 수 있어. 하지만 이런 식은 가족 모두를 힘들게 한단다."

아이를 토닥여주고 방을 나섰지만 나도 모르게 흘러내리는 눈물을 주체할 수가 없었다. 아들이 담배를 피웠다는 것 자체가 아니라, 나만 바라보고 나에게 모든 것을 의논하던 어린 아들이 갑자기 변해버리고 나에게서 멀어진 것 같은 느낌이 들어 참을 수 없었던 것이다. 그 순간 내

가슴에는 커다란 구멍 하나가 뻥-하고 뚫리는 것 같았고, 어느 여가수의 '총 맞은 것처럼'이라는 가사도 떠올랐다. 이렇게 조금씩 내 품에서 멀어지는 것이라고 생각하니 더없이 서럽고 서운한 눈물이 차올랐던 모양이다.

이것은 나만의 이야기가 아니다. 발달 심리학에서는 아이가 부모와 떨어져 한 개인으로 독립하는 과정을 '분리-개별화Separation-Individuation' 과정이라고 말한다. 이 과정은 3세부터 시작되지만 사춘기까지 계속 중요한 주제로 남는다. 특히 사춘기에는 이것을 '제2의 탄생'이라고도 부른다. 인간의 첫 번째 탄생이 어머니로부터 신체적으로 분리되는 과정이라면, 두 번째 탄생은 그 어머니와 심리적으로 분리되는 과정이라는 뜻에서 붙여진 이름이다.

얼마 전 찜질방에 갔더니 아는 분들이 모여서 나를 기다리고 있었다. 종종 찜질방에 갈 때면 내 직업을 아는 아주머니들이 몇몇 모여 자신의 고민을 편안하게 털어놓고는 한다. 그날 한 어머니가 자신의 아들 이야기를 해주었는데, 나도 모르게 웃음이 났다.

"제게 5학년이 된 아들이 하나 있는데요. 글쎄, 이 아이가 얼마 전에 학원에서 토요일마다 추가로 진행되는 학습 프로그램에 참여하라고 했더니 '엄마, 제가 왜 억지로 그걸 해야 합니까, 제 일은 제가 알아서 합니다.'라고 말하는 거 아니에요. 그래서 내가 '야, 5학년짜리가 뭘 알아서 해, 알아서 하긴. 그리고 네가 최소한 반에서 5등은 해야 하지 않겠어?'라고 했더니 이 아들이 하는 말이 '왜 내가 그래야 하죠?'……. 아이의 대답을 듣는데 교수님, 제가 정말 할 말이 없더라니까요? 그래서 얼버무리면서 '네가 잘 되어야 엄마가 나중에 늙었을 때 좀 의지하면서 살지!'라고 했더니 그 다음 말이 더 기가 막히더라고요."

"뭐라고 하던가요, 아들이?"

"아니, 왜 엄마가 나한테 기대고 살아. 엄마에게는 아빠가 있는데!"

"그 말을 들으니 어떤 감정이 들었어요?"

"처음에 너무 서운하더라고요. 그러면서 점점 내가 아들한테 너무 많은 걸 쏟고 있다는 생각이 들었어요. 진짜 유치하지만 다음 날 아침 아들이 졸라서 사주었던 나이키 운동화를 치우면서 '넌 네가 용돈 모아서 산 네 운동화 신고 가!'라고 해버렸다니까요."

거기에 모인 우리는 이 이야기를 듣고 깔깔대며 웃었지만, 나는 그분의 아들이 참 건강하게 부모와 분리-개별화를 해나가고 있다는 생각에 많은 것을 배웠다. 분리-개별화는 결국 아이가 자신과 부모 사이에 어떤 보이지 않는 담을 쌓고, 대신 자기만의 새로운 가족을 구성하는 출발점이라고 할 수 있다. 부모에게 붙어서 떨어지지 않으려고 하는 아이는 이미 유치원에서부터 문제가 되지만, 심지어 그런 양상이 고등학생이나 대학생이 될 때까지도 계속된다면 그건 문제가 있다. 부모의 꼭두각시가 아닌, 자신의 머리로 생각하고 가슴으로 느낄 수 있는 존재로 자라나야 스스로 행복한 삶을 살 수 있다.

이렇게 알고 있지만 나는 내 아이를 그렇게 잘 키우고 있을까. 우리 아이는 나에게서 건강하게 잘 분리되어가고 있을까. 요즘도 매일 새벽에 일어나 아이의 밥을 차려주면 정성껏 차린 밥을 먹는 아들을 물끄러미 바라보곤 한다. 그때마다 '내가 이렇게 걷어 먹이고 힘들어도 저를 위해 내 모든 걸 다하는데…… 언젠가는 나를 떠나가겠지…….' 하며 속이 이렇게 시끄러운데. 건강한 분리는 자녀와 내가 '함께' 괜찮아지는 데서부터 시작한다는 걸 알고 있다. 서로가 개별화되는 과정이 서로를 '잃어버리'거나 서로가 '사라지는' 게 아님을 받아들이고 사랑하는 마음을 성숙하게 남겨둘 수 있는 준비를 한다면 훨씬 수월할 것이다.

그 여자를 떠나
내 남자가 내게로 오던 날
― 나도 누군가의 시어머니가 된다는 사실을 잊지 않는 법

내 시어머니가 분신과도 같은 당신의 외아들을 스물셋이라는 어린 나이에 내게 보냈을 때 어떤 기분이었을지 깨닫게 되기까지는 꽤 오랜 시간이 걸렸다. 아들을 낳지 않았다면 좀 더 오래 걸렸거나 정확히 그 기분을 알 수 없었을지도 모른다. 처음 아들이 집을 나가거나 담배를 피거나 여자친구를 데리고 왔을 때의 기분도 내 살점이 떨어져 나가는 것마냥 표현하기 힘든 아픔이었는데, 결혼이라는 것을 통해 평생 다른 여자의 남자로 살도록 보내준다는 일이 어디 쉬웠을까. 새 식구가 하나 더 늘고, 그래서 그녀와 아들이 오순도순 행복하게 사는 것을 보는 것만으로도 '이제 죽어도 여한이 없다'고 말하는 성숙한 시어머니가 많지 않은 이유를, 이제 곧 스무 살이 되는 아들에게 서너 차례 여자친구가 바뀌는 것을 보면서 조금씩 깨달아가고 있는 중이다.

사실, 아들이 결혼을 한다는 것은 이제 그 어머니와는 완전히 단절이 되는 것을 의미한다. 더는 아들의 삶이 어머니에 의해 좌지우지될 수 없다는 뜻이기도 하다. 두 차례, 가족이 많다면 서너 차례 이런 일을 겪게

되는 어머니는 차라리 조금 더 나을 수 있지만, 처음 아들을 자신의 품에서 분리해내고 단절을 경험하게 되는 어머니는 때로는 정신적 충격이나 심한 무기력함을 겪게 되기도 한다. 처음이라는 건 누구에게나 힘든 일이니까.

한번은 알고 지내던 부부의 남편으로부터 전화가 걸려왔다.

"교수님, 오늘 좀 뵙고 싶은데요."

어떤 일이냐고 묻자 아내가 너무 무기력증에 빠져서 어찌해야 할 바를 모르겠다는 것이다.

"아내분과 같이 오실 건가요?"
"아니요. 아내는 도저히 같이 갈 수 있는 상황이 못 됩니다. 계속 누워 있기만 해요."

나는 결국 남편만 만나게 됐다. 나는 상담 정보를 얻기 위해 사전 상담을 먼저 진행했다.
그들 부부에게는 일주일 전에 결혼을 한 아들이 하나 있었다. 아들 부부는 신혼여행을 떠났는데, 둘 다 연구직인 터라 그동안 제대로 휴가 한 번 낸 적이 없어 신혼여행을 계기로 20일간 긴 휴가를 내게 되었다. 그런데 그녀는 아들이 보고 싶으니 신혼여행을 일주일만 다녀오고, 나중에 남겨놓은 휴가를 부모와 같이 가면 안 되겠냐고 제안을 한 것이다. 처음에는 제안이었지만 나중에는 부탁하다시피 이야기했는데, 부부가 연구 일정상 이번에 다녀와야겠다고 하며 어머니의 제안을 거부를 하고 여행을 떠나버렸다. 그러자 바로 그날 여자는 앓아누웠다. 왜 그러느냐고 남편이 아무리 물어도 여자는 뚜렷하게 대답을 하지 않으니 남편은 그저 아들이 너무 길게 휴가를 낸 것이 속이 상한 것일까 짐작만 할 뿐이었다.

난 아직도 그날 상담을 하며 당황스러움이 역력하던 남자의 모습이 눈에 선하다. 일주일 후 남편이 본 상담을 위해 다시 나를 방문했을 때, 남편의 얼굴에는 다크서클이 내려오는 등 병색이 완연했다.

"계속 그런 상태인가요?"
"점점 더 심해지는 것 같아요. 언제까지 저러고 있을지……."

여자는 자기중심적인 사람이었다. 마음속에서는 감정들이 들끓지만 그것을 표현할 줄은 몰랐다. 자신이 속에 가지고 있는 감정을 표출하는 순간, 자기 자신을 송두리째 부정하는 꼴이 되고 말 테니까. 그러니 자기 자신도 괴롭고, 남편도 괴로운 순간들이 계속됐다. 이런 경우에는 상담도 굉장히 힘들다. 부정과 저항이 뒤따르기 마련이니까. '이러이러해서 힘들지요?'라고 물었을 때 분명 마음은 그렇다는 걸 알고 있는데도

"아니요, 절대 그렇지 않아요."라고 말을 하니 제대로 된 상담이 이루어지기가 힘든 것이다.

결국 나는 우여곡절 끝에 그녀를 만나게 됐다. 그리고 그녀와 이야기를 나누며 아들에 대한 사랑이 지나쳐서 며느리를 미워하는 지경에까지 이르렀다는 걸 알 수 있었다.

"나는 우리 아들을 사랑해도 너무 사랑해서 며느리가 너무나도 밉다."

나는 이것을 그녀가 스스로 인정하고 말할 수 있도록 했다. 하지만 그녀는 그런 게 아니라고 고개를 저었다. 방법을 고민하던 나는 그녀에게 그림을 그리도록 했다. 그녀가 객관적으로 자신의 마음을 들여다 볼 수 있도록 시각화를 시킨 것이다. 가족들이 함께 둘러 앉아 식사를 하는 그림을 그리라고 하자 그녀는 자신과 아들, 며느리가 함께 식탁에 앉아 있는 모습을 그렸다. 그런데 아들과 자신의 얼굴은 보이도록 그리고 며느리는 뒤통수만 보이도록 그렸는데, 그 뒷모습을 새카맣게 칠한 것이다. 그림 검사는 일종의 투사 검사인데, 이 그림을 통해 그녀가 며느리의 얼굴조차 보기 싫어하는 마음을 알 수 있었다. 나아가 그림에 없는 그녀의 남편이란 존재를 보며 그녀가 아들을 얼마나 사랑, 아니 집착했는지 알 수 있었다. 자신의 무의식이 그림으로 투사되어 나타난 것이니까.

나는 그림을 짚어가며 설명을 해주고는 "이렇게 미운데요?"라고 말했다. 그랬더니 "누가요? 며느리가요? 밉긴 왜 미워요, 아니에요."라는 대답이 돌아왔다. 내가 다시 "아니요, 미워요. 미운 감정을 외면하지 마시고 밉다고 얘기하세요."라고 말했는데도 여전히 자신의 마음을 인정하지 않았다. 보통 상담은 1회에 50분 정도가 진행이 되는데, 상담이 4회나 진행되는 동안 그 줄다리기는 끊임없이 이어졌다.

"맞아요. 너무 미워요. 미워서 미칠 것 같아요!"

그 여자는 상담이 4회째 되던 날 이 사실을 인정했다. 그러곤 내 앞에서 펑펑 눈물을 쏟았으며 이렇게 말했다.

"며느리가 반드시 아들을 낳았으면 좋겠어요. 아들을 빼앗긴 내 마음을 똑같이 느낄 수 있도록 말이에요."

그녀가 자신의 감정을 솔직히 털어놓고 인정하자 남편도 아내가 어떤 기분인지 이해하고 측은하게 생각하기 시작했다. 다행히 남편은 건강한 사고를 할 수 있는 사람이었다. 아들 또한 자신의 아내에게 집중할 수 있어서 상황은 점차 나아졌고, 그녀와 남편 두 사람도 서서히 안정을 찾아가게 되었다.

나는 그녀의 마음을 충분히 이해할 수 있다. 적어도 이제는. 시집온지 얼마 안 되었을 때부터 내 시어머니는 툭하면 "너도 내 아들 빼앗아 살잖아."라는 말을 내뱉곤 했다. 그 말을 들을 때마다 아들이 자신의 소유인 것처럼 생각하는 것이 그렇게 못마땅할 수가 없었다. 그동안 끼고 살았으면 됐지, 결혼했으면 이제 자연스럽게 떠나보내야 하는 거 아닌가? 이제 같이 늙어갈 텐데, 언제까지 품안의 자식처럼 그럴 건가? 내가 진짜 남편을 빼앗아간 도둑이라도 되는 것처럼 나를 바라보는 눈빛, 대체 언제까지 그럴 건가?

하지만 아들을 키우면서 알게 되었다. 아들의 여자친구나 아들이 나보다 더 소중해하는 모든 것들에 대해 내가 서운한 감정을 느끼는 것이 결코 그 대상을 미워하는 단순한 감정이 아닌, 아들을 사랑하는 마음이 성숙치 못한 데서 오는 것임을. 시어머니의 세련되지 못한 표현 방식이 분명 문제인 것은 맞지만, 내가 아들에 대해 이만큼 집착하고 있고 그것을 내려놓지 못해 여전히 힘들다는 것을 나 스스로 인정하게 되면서 시어머니에 대한 감정이 조금은 더 편안해졌다.

나도 벌써부터 불안하다. 내 아들이 완전히 내게서 떠나게 될 그날이. 여자친구와 너무 잘 지내면 '저 여우같은 것이'라는 마음이 불쑥불쑥 솟아오르기도 한다. 내가 그토록 타일러도 못 끊던 담배를 여자친구 말 한마디에 끊어버리는 아들이 야속하기도 했다. 하지만 내게는 나와 어머니가 물에 빠지면 반드시 나를 구할 것이라는 남편이 있어서 조금은 낫다. 내 어깨에 파고들어 잠든 그를 보며 시어머니를 생각한다. 내 남자가 나를 사랑하고 나에게 깊어지는 만큼, 그녀의 외로움도 깊어지고 있다는 생각을 하게 된다. 그리고 그 모습에서 나는 또 다른 나를 발견하곤 한다.

그 여자가 받아야 했던 건
내 남자의 사랑이 아니었다

―부부관계가 돈독해야 하는 이유

한 여자가 자녀에 대한 상담을 하기 위해 나를 찾아왔다. 누구에게나 자식 이야기는 절절하다. 그런데 어떨 때는 그것이 절절함을 넘어 절박함으로 다가오는 경우가 있다. 자식이 기대에 못 미치고 생각만큼 잘 해주지 못할 때 속이 상하는 정도라면 다행이지만, 그것 때문에 자신의 삶마저 포기해야 할 정도로 심각한 상황이 된다면 그것은 분명 문제일 수 있다. 자식에게 목숨을 걸고 자식이 하는 모든 것들이 마치 자신의 일인 것처럼 어쩔 줄 몰라 하며 발을 동동 구르고 뛰어다니는 부모들을 볼 때면 나도 자식을 둔 부모로서 충분히 이해를 하면서도, 자신의 삶과 자신의 원래 모습은 하나도 없는 채 살아가는 모습이 안쓰러울 때가 있다.

"우리 애는 이래서 힘들고, 저래서 힘들어요."

상담이 진행되는 50분이 모자랄 만큼 자신의 이야기는 하나도 없이 자식 이야기만 늘어놓는 그녀에게 이렇게 말해주었다.

"우리, 시간을 가지고 여유롭게 가요. 지금은 우선 자신을 위해 시간을 좀 가지는 게 좋을 것 같아요. 골프도 치고 여행도 하고요."

하지만 그녀는 내 말에 이렇게 대답했다.

"골프를 반나절 치고 오면 아들에게 너무 미안해요. 나는 이렇게 즐기고 오는데 아들은 공부하느라 책상에 붙어 있어야 하고. 밥도 제대로 못 챙겨먹고요."

그러면서 그녀는 자식 주위만 맴맴 돌았다.

"남편은 어떤가요?"

이 질문이 그녀에게 너무 핵심적인 것이었을까? 내 예상대로 그 여자 옆에는 '워커홀릭'인 남편이 있었다. 우리나라의 특수한 직업군은 워커홀릭을 자처하지 않아도 워커홀릭이 될 수밖에 없는 구조를 갖고 있다. 여자는 그런 남편에게서 사랑을 받지 못하고, 그런 여자는 '자식 바라기'가 될 수밖에 없다.

나는 그녀의 이야기를 들으며 예전에 어떤 내담자가 한 말이 생각났다.

"우리 시어머니의 행복은 우리 시아버지와의 관계에서 느끼셔야 하는 거 아닌가요? 왜 시어머니의 행복이 내 남편에게 달린 건가요? 우리 시어머니와 시아버지가 잘 지내시면 나와 남편은 이 고통스러운 굴레에서 좀 놓여날 수 있을까요?"

그럴 수 있다. 그리고 그래야만 한다. 자식에게 애정을 쏟는 것은 잘못된 일이 아니라 당연한 일이지만 그것이 우리 자신의 삶을 송두리째 빼앗아가게 해서는 안 된다. 설사 우리가 그렇게 하는 것이 '더' 행복한 일이라 해도 말이다. 억지로 '정을 떼라'는 유치한 이야기를 하는 게 아니다. 어차피 내가 생의 많은 부분을 자식들에게 사랑을 쏟는 것으로 할애하지 않는가. 그 순간들은 때때로 힘겨웠지만 또 때때로 너무 행복하지 않았던가. 그렇다면 그 자식들에게도 그럴 기회를 제공해주어야 한다. 그러기 위해서는 부부가 서로를 바라보며 각자의 삶을 즐기고 사랑할 수 있도록 도와주어야 한다.

밤낮 일에 미쳐 아내에게 자식의 양육은 맡겨놓고 돈을 벌어다주는 남편에게서 여자는 자신을 여자로 느끼게 해줄 어떤 것도 찾을 수 없을 것이다. 남편에게서 받을 수 없는 사랑 때문에 아들이 행복해지고, 아들이 성공하고, 아들이 잘 해나가는 모습을 통해 자신이 사랑받고 있으며 살아있다고 느끼며 행복하다고 느끼는 아내를 만들지 않아야 한다. 모든 여자들은 남편을 통해 충분한 사랑을 받고, 자신의 아들이 자신의 아내를 충분히 사랑할 수 있도록 건강한 양육을 해야 한다. 그래야 오래도록 외롭지 않은 시어머니, 그리고 남편을 두고 싸워야 하는 표독한 며느리를 만들지 않을 수 있다.

"너는 나를 떠났지만
나는 너를 떠나보내지 않았다"
― 아들을 건강하게 보내주는 법

　어머니가 첫사랑이었던 아들은 결혼과 동시에 "여전히 당신을 사랑한다"는 말을 남기고 어머니를 유유히 떠나간다. 말은 그렇게 하고 있지만 이미 마음은 자신이 의지대로 선택한 새로운 여자에게로 달려가고 있다. 어머니는 자신이 시집올 때를 떠올리며 '내 남편도 내게 저렇게 달려왔을까.' 하는 감상에 잠시 젖었다가 '그래도 행복하게 잘 사는 모습을 보니 좋구나.' 하는 어른다운 생각도 했다가 '우리 아들 저렇게 잘 키웠는데 며느리는 복도 많구나.' 하는 억울한 마음도 가졌다 하며 점점 혼란스러운 감정에 빠져든다. 아들이 나가버린 텅 빈 방에 앉아 싱글 침대를 쓸어안으며 아들을 키우던 그날의 기억들로 눈물을 훔친다. 그리고 며칠이 지나도 돌아오지 않는 아들을 보며 현실적으로 자신에게서 완전히 떠나갔다는 것을 인정하게 된다.
　그렇게 현실적으로는 분리를 시켰는데, 항상 문제가 되는 건 마음에서 분리가 안 되는 것이다. 백화점에 가면 이미 결혼을 해서 다른 여자의 남편이 된 아들이 눈에 밟혀 옷을 사다주기도 하고, 아들이 좋아하는 음식을 만들어서 수시로 드나들며 가져다주기도 한다. 사회의 한 구성원으로 한 가정의 가장으로 살고 있는 아들을 여전히 보살펴야 하는 대상으로서 마음에서 떠나보내지 못하는 경우, 그녀의 아들인 남편은 좋을 수 있지만 그 남편의 아내는 괴롭기만 하다. 남편은 '말도 안 된다'고 하겠지만, 아내는 '그녀가 내 남편을 조종하려 한다'고 생각하고, '결국은 나까지 조종하려 들 것'이라고 생각하게 된다.

아들에 대한 어머니의 지극한 사랑, 여전히 아들을 마음에서 떠나보내지 못하고 '내 아들 잘못되는 꼴은 내가 두 눈 뜨고 볼 수 없다'는 어머니의 심리를 이용하는 영악한 며느리도 본 적이 있다.

"어떻게 키운 아들인데……. 며느리한테 구박 당해가며 좁은 집에 살게 하고 싶지 않았어요. 며느리가 찾아와서 자신은 괜찮은데 회사 사람들이 와서 구시렁댈 때마다 자존심 상해하는 남편의 모습을 보는 게 너무 힘들었다며 눈물을 펑펑 쏟는데, 빚을 내어서라도 해줘야 하는 게 부모 심정 아니겠어요? 그래서 할 수 없이 제가 살고 있는 집을 이사하고 차액에 대출까지 해서 아들 집을 옮겨주었죠."

처음에 그녀는 '우리 아들을 위해 내가 이렇게 할 수 있어서 너무 다행이다. 정말 뿌듯하다'고 생각했다고 한다. 그러나 시간이 흐르면서 그 뿌듯한 감정들의 무게가 사라지는 만큼 돈과 현실의 무게가 무거워지는 것을 느끼게 됐다. 여전히 그렇게 한 게 참 잘한 일이라고 여기면서도 아들 내외가 자신의 뜻대로 되지 않을 때는 그 서운함이 배가 되기도 했다. 결정적으로 며느리의 영악한 의도를 알게 되자 괴로움은 참을 수 없을 정도로 커져갔다.

"한 번 떠나보냈으면 그걸로 끝인데. 죽이 되든 밥이 되든 저가 알아서 헤쳐 나가도록 그냥 두었어야 했는데 내가 왜 그랬을까요. 며느리에게 이용당했다는 생각을 할 때마다 참을 수가 없어요. 그렇다고 내가 며느리를 어떻게 하겠어요. 아들에게 이 사실을 말할 수도 없고, 무엇보다 나 자신이 너무 한심하고 초라해서 더 미칠 것 같아요."

시어머니를 잘 구슬려서 원하는 것을 얻어내는 여우같은 며느리에게 손가락질을 하는 사람이 있다면, 그렇게 왜 결혼한 아들에게 그토록 사사건건 간섭을 했느냐고 책망하는 사람들도 분명 있다. 이것은 옳고 그름의 문제를 떠나 둘 다 '그래선 안 되는' 문제인데, 며느리도 처음이고 시어머니도 처음인 두 사람에게는 분명 쉬운 일이 아니다. 며느리 입장에서는 자신이 온전히 남편을 갖지 못하는 대신 어머니의 욕구(아들을 여전히 곁에서 돌보고 싶어 하는)를 어느 정도 받아주면서, 그 감정으로 자신이 원하는 것을 얻어내는 편이 지혜롭겠다는 결론을 스스로 내렸을 수 있다. 나름 자신의 결혼생활에서 앞으로 생겨날 수 있는 문제들을 해결하는 방법이었던 것이다. 하지만 결과적으로 경제적인 부담이 시어머니에게 가중되고, 그로 인해 시어머니가 괴로워할 수도 있다는 것을 알면서도 우선적으로 자신의 필요를 먼저 채우고 그녀의 힘듦을 외면했다는 사실은, 내가 앞에서 '영악하다'고 표현할 만한 이유가 되기도 한다.

만약 남편이 이 모든 사실을 알게 된다면 "당신은 우리 엄마한테 어떻게 그럴 수가 있어? 정말 실망이다!" 하고 막장 드라마에나 나올 법한 대사를 날릴 수도 있을 것이다. 잔뜩 화가 나서 실제로 아내에게 실망을 하고 가엾은 어머니에게 달려가 그녀를 와락 안고 사과를 할 수도 있다.

하지만 나는 그렇게 생각한다. 어떻게 살든, 그렇게 사는 것에 대한 대가를 지불해야 한다고. 어찌됐든 아들에게 큰 평수의 집을 구해주고 감당하게 된 현실의 무게는, 아들을 품에서 완전히 떠나보내지 못한 삶을 살고 있는 데 대한 대가일 수밖에 없다. 귀하디귀한 아들을 둔 입장에서 "쿨하게 보내줘라. 그리고 신경 쓰지 마라. 우리도 그렇게 스스로 헤쳐 나오지 않았던가. 부모의 도움 없이도."라고 막말을 할 수는 없다. 지금 심정 같아서는 결혼한 아들의 며느리가 나를 찾아와 상담사례에서의 며느리와 똑같은 말을 한다면, 나는 그 속을 빤히 들여다보고 그 수를 읽었으면서도 밤새 뒤척이며 고민은 했을 것이다. 하지만 나는 그녀와 달리 며느리의 부탁을 들어주지 못했을 것이다. 내가 아들에게 사랑을 베풀어야 할 때가 그때가 아니라는 것을 알고 있기 때문에.

얼마 전 아들이 새로 사귄 여자친구를 만나게 됐다. 그 전 여자친구와의 안 좋은 기억 때문에라도 나는 조금 더 성숙한 엄마가 되기 위해 다짐, 또 다짐을 했기 때문에 이번에는 비교적 건강하게 그녀를 받아들이고 있었다. 내가 자주 이용하는 SNS에도 둘의 사진을 올려 '내가 그렇게 잔소리를 해도 끊지 않던 담배를 여자친구의 말 한 마디에 바로 끊어버린 미운 아들 녀석. 하지만 그런 여자친구가 참 고맙고 예쁘다'고 썼더니 많은 사람들이 그런 두 아이를 축복하며 동시에 조금은 더 성숙해진 나를 격려해주었다.

나는 아들의 여자친구를 만나 두 사람이 진심으로 예쁘게 교제를 하며 서로에게 도움이 되는 관계로 발전했으면 좋겠다는 얘기를 해주었다. 그리고 내가 아들을 키우며 마음고생도 많이 했고, 또 그만큼 누구보다 많은 사랑을 쏟았다는 이야기를 꺼내려는데 주책 맞게 눈물이 흐르는 것이다. 나는 눈물을 훔치며 '내가 왜 이렇게 촌스러운 행동을 하지, 부끄럽다고 아들한테 또 한 소리 듣겠네.' 생각을 하고 있는데, 예상 외로 아들의 눈시울이 같이 붉어지는 것이다. 그때 나는 마음속으로 '참 고맙다'는 생각이 들면서 아들의 여자친구에게 이렇게 말해주었다.

"내가 이렇게 사랑하는 아들이긴 하지만 때가 되면 떠나보내야 한다는 걸 알고 있어요. 하지만 그게 너무 갑작스럽다면 그 누구도 감당하기 쉽지는 않을 거예요. 그래서 이별에는 '유예 기간'이 필요하다고 하죠. 내가 아들을 건강하게 떠나보내고, 또 아들의 상대가 좀 더 우리를 알아가는, 그 기간이 반드시 필요한 것 같아요. 그게 너무 길어서는 안 되겠지만 적어도 6개월에서 1년 정도는 그렇게 서서히 자연스럽게 서로의 자리를 만들어가는 게 참 현명하다는 생각을 하게 됐어요. 우리가 앞으로 그런 인연이 된다면 그렇게 좋은 시간을 가져갔으면 해요."

나의 말에 아들의 여자친구도 고개를 끄덕이며 웃음을 지어 보였다. 내 품에서 현실적으로도 심적으로도 아들이 떠나갔다 해서 내가 아들을 사랑하지 않는 것은 아니다. 이제부터 그들이 사는 것을 멀리서 지켜보며 그들이 진짜 힘들 때 어른으로서 도와주고 지혜로운 조언을 아끼지 않는 것. 이것이 내가 해야 할 일이고, 이는 결코 아들에게서 멀어지는 것이 아니다. 마찬가지로 아들 또한 자신의 가정을 꾸리고 아내에게 더 많은 사랑을 쏟는다 해도, 자신을 키운 어머니의 정을 저버릴 수 없다. 언제나 생각나고 감사하고 짠한 존재, 그녀는 그의 첫사랑이니까. 그의 마음속에 따뜻한 방 하나가, 비워지지 않고 존재한다는 말이다.

그 여자도 그 여자에 대한
쓰라린 상처가 있다

―누군가의 며느리였을 어머니를 이해해보는 법

"어머니, 왜 그렇게 며느리가 미우세요?"
"저는 이거보다 더하고 살았어요."

'며느리 시집살이는 시집살이를 해본 사람만이 할 수 있다'는 이야기가 있다. 딱 잘라 말하지만 이는 건강한 대물림이 절대 아니다. 지금 당장 나부터라도 끊어야 하는 것이다. 시집살이 호되게 해봤으니 나라도 안 그래야지 생각을 하다가도 왠지 며느리가 좋은 옷 입고, 좋은 차 몰고 다니면 배가 아프다. 건강하지 못한 해석이 동반되면서, 예전에 자신이 비참하게 살았던 삶과 비교가 되기 시작한다. 그리고 끝도 없이 이것저것 삐뚤어진 모습들이 보인다. '나는 안 저랬는데, 어쩜 저럴 수가 있나.', '요즘 결혼 참 쉽게도 한다.'…….

어떤 며느리는 말끝마다 자신의 시집살이를 운운하며 자신이 하는 모든 것들에 시시콜콜 잔소리를 해대는 시어머니 때문에 미치기 직전이라고 말하기도 했다. '어머니가 정말 고생을 해서 그럴 수도 있다'고 말을 해도 '요즘 세상에 그게 말이 되느냐'고 씩씩대기만 하는 여자들을 볼 때면, 나는 내 어머니가 떠오른다.

우리 친정어머니도 시집살이를 꽤 호되게 하신 분이다. 어머니는 나를 음력 12월 20일에 낳았는데, 우리 할머니의 환갑이 내 생일로부터 보름 정도 후여서, 태어난 지 얼마 되지도 않은 나를 들쳐 업고 환갑잔치 할 준비를 일찌감치 시작해야 했다. 당시 시골에서는 잔치가 열린다 하면 집에서 음식을 하나하나 다 장만하곤 했기 때문에 손이 부지런한 어머니는 미리미리 해야 할 것들을 챙기기 시작한 것이다.

그렇게 며칠 내도록 힘겹게 일을 한 어머니는 녹초가 되어 방으로 돌아왔고, 시어머니는 밤에 불을 때고 자라며 벼 껍질을 어머니에게 건네주었다. 당시 날씨가 얼마나 추웠겠는가. 시골집은 외풍이 심해서 더 그랬을 텐데, 너무 지친 어머니는 벼 껍질을 땔 여력도 없어 나를 업은 채로 그대로 누워 잠이 들어버렸다. 신생아인 나를 목화솜으로 둘둘 만 채 등에 업고서. 내 체온도 있었고 피곤함 때문에 추운지도 몰랐던 어머니는 그렇게 깊은 잠이 든 채로 그 추위를 버텨냈다. 하지만 신생아인 나는 그걸 버텨내지 못했다. 금세 코감기에 걸린 나는 밤새도록 콧물을 흘리다 염증이 생겼고, 그것이 점점 심해져 코의 연골까지 모두 쏟아져 내렸다. 나는 콧대가 무너지고 콧구멍만 남았다. 그리고 안면기형 판정을 받았다.

어린 시절 그런 기억을 안고 일그러진 얼굴을 거울에 비춰볼 때마다 나는 할머니가 너무 미웠다. 그렇게 심하게 고생을 한 어머니는 자신이 그런 시집살이를 했으니 자신의 며느리에게는 절대 그렇게 하지 않으려고 한다. 하지만 내가 객관적으로 봤을 때 노력하는 만큼, 생각하는 만큼 내 어머니는 쿨한 시어머니가 아닌 것은 확실하다. 오히려 조금은 더 버거운 시어머니일 수도 있다. 그 이유를 찾자면 어머니에게 듬뿍 사랑을 주지 못한 아버지 탓이기도 하겠지만, 그녀를 괴롭히며 못살게 굴었던 시어머니가 그녀에게도 존재했기 때문이기도 하다.

내 시어머니에게는 시어머니가 없었다. 하지만 그 자리를 대체할 스무 살이 넘게 차이가 나는 시누이가 있었다. 그 시누이도 여간 깐깐한 성격이 아니어서, 우리 시어머니를 어지간히 못살게 군 모양이었다. 그렇게 시집살이를 한 그녀가 나를 볼 때, 내가 아무리 야무지게 살림을 하고 아들을 내조하고 손자들을 양육한다고 하더라도 무엇 하나 티끌 걸 것이 눈에 안 보이랴. 그래도 이른 나이에 결혼해 남편이 두 번이나 대학을 나오도록 내 삶을 포기하며 뒷바라지를 하고, 아들 하나 딸 하나 버젓이 낳아서 건강하게 키워내는 것을 보면서 조금씩 그 시집살이도 나아지긴 했다.

시어머니와 며느리의 관계가 대물림될 때에 쓰라린 상처까지 함께 대물림할 필요는 없다. '나는 더하면 더했지 덜하진 않았다.', '너는 인생 참 편하게 산다.'는 악담으로 내가 겪은 아픈 삶을 똑같이 살게 할 필요가 없다는 것이다. 그녀의 시어머니가 그녀에게 '우리 못난 아들 만나

고생이 많구나.' 하고 다독여주며 힘들고 굳은 일 시키기 전에 딸처럼 보살피고 아껴주었다면 얼마나 좋았을까. 우리의 시어머니도 그런 마음이지 않았을까? "시어머니라는 존재가 그럴 리가 없지!"라고 말한다면 우리의 선입견부터 지우고 새로 시작해보자고 말하고 싶다. 잘해주는 시어머니가 없었기 때문에 영원히 잘해주는 시어머니는 존재할 수 없게 되는 걸까. 며느리인 나도 언젠가 시어머니가 되는 순간이 올 것이다. 그때가 되면 내 며느리에게 시집살이 대신 따뜻한 엄마가 되어줄 수도 있겠다는 생각을 감히 한다. 왜냐하면 나는 내 며느리에게 '내 남자의 그 여자'는 결코 되고 싶지 않으니까.

대물림은 지금 '나'부터 끊는 것이 중요하다. 그리고 우리는 그렇게 할 수 있다.

나도 벌써부터 불안하다. 내 아들이 완전히 내게서 떠나게 될 그날이. 여자친구와 너무 잘 지내면 '저 여우같은 것이'라는 마음이 불쑥불쑥 솟아오르기도 한다. 내가 그토록 타일러도 못 끊던 담배를 여자친구 말 한마디에 끊어버리는 아들이 야속하다. 하지만 내게는 나와 어머니가 물에 빠지면 나를 구할 것이라는 남편이 있어서 조금은 낫다. 내 어깨에 파고들어 잠든 그를 보며 시어머니를 생각한다. 내 남자가 나를 사랑하고 나에게 깊어지는 만큼, 그녀의 외로움도 깊어지고 있다는 생각을 하게 된다. 그리고 그 모습에서 나는 또 다른 나를 발견하곤 한다.

사랑하는 시어머니께

어머니.

늘 건강 때문에 운동을 게을리하지 않으시는 어머니가 주로 다니시는 그 길에도 환하게 꽃이 피었겠지요? 이렇게 꽃이 피면 어머니와 살던 남가좌동 집의 라일락이 그리워집니다.

처음 시집가며 들어선 낯설고 큰 집이 얼마나 제겐 부담이었던지, 구안괘사가 와서 며칠을 고생했던 기억이 눈에 선합니다. 그 집에서 딸을 낳았고, 아들을 낳았고, 애들 아빠가 다시 한의대를 들어갔을 때는 아이들을 가르치는 교습소가 되었고, 그리고 아버님을 하늘로 보내드렸습니다. 그러고 보니 제게는 참 의미 있었던 인생의 한 풍경이네요.

얼마 전 상담하러 온 분이 15년 전의 엄마의 행동을 용서할 수 없어 지금도 관계가 껄끄럽다며 울고불고 사정을 이야기하더군요. 그래서 지금 엄마가 곁에 계신 것이 어떤 감정이냐고 물었어요. 만약, '그때 엄마가 그렇게 행동하지 않았다면 죽었을 수도 있겠다' 라고 생각해보지 않았냐고 다시 물었어요. 한참을 생각하던 그녀가 폭풍처럼 눈물을 쏟아낼 때 제가 할 수 있는 일은 다만 침묵뿐이었어요. 그런데요 어머니, 제 가슴이 아파오는 거예요. 저도, 막 울음이 올라오는 거예요. 그래서 그냥 확 울어버렸어요.

제 어린 시절을 돌아보니 우리 엄마가 겪어온, 정말 말도 안 되는 서러운 세월들, 막막했을 시간들이 고스란히 보이는 거예요. '아! 엄마는 지금 내 나이에 어땠을까?' 를 생각해보니 지금 견뎌주시고 꿋꿋하게 자식들 옆에 계셔주시는 것만으로 너무 감사했어요. 그리고 어머니 생각이 났어요. 어머니가 살아오시며 그 시리고 아픈 가슴을 어떻게 가다듬었을지 느껴졌어요.

'어머니에게 애 아빠가 어떤 존재이며 의미였을까?'
여기까지 생각이 미치자 밑도 끝도 없이 어머니가 보고 싶었습니다.
지금처럼, 보고 싶으면 달려갈 거리에 오래오래 건강하게 살아계셔 주세요.
한참 늦었지만, 늘 혀끝에서 맴돌았던 말! 오늘은 하겠습니다.
어머니, 사랑합니다.

여친에게 맘이 모두 가버린 아들 땜에 심란한 어느 날에.

동
행

만약 그녀가 내 결혼생활의 침략자가 아니라면?

그녀도 나와 똑같은 여자일 뿐이라면?

나도 그녀처럼, 내 아들을 보내야만 한다면……

Part 03

Chapter 6.

인정하고 싶지 않지만
나도 언젠가는
그 여자가 된다

그렇다. 인정하고 싶지 않지만 나도 언젠가는 그녀가 된다. 나에게 '세상에 이런 고통이 다 있을까' 싶을 만큼 쓰라린 육체적 고통을 안겨주었다가, 한 번의 웃음으로 그 모든 것을 '그럭저럭 견딜 만한 고통'으로 여기게 만들어준 '내 아이'의 엄마이기 때문에. 내게 아무것도 해준 것 없지만 자라면서 보여주었던 웃음과 "엄마!"라는 말 한마디로도 세상 모든 것을 가진 듯한 기쁨을 안겨준 존재. 그래서 내가 그 아이에게 집착을 하는 것이 지극히 당연하였고, 만약 그 존재가 '내가 아니어도 괜찮으면 어쩌나' 하는 두려움마저 들게 되었다. 이 세상에 쿨한 엄마는 정녕 없다.

결혼 후 '시어머니'는 존재 자체부터 엄청난 것임을 알게 됐을 때, 누구나 가장 먼저 다짐하는 것은 '나는 절대 저런 시어머니는 되지 말아야지.' 하는 것이다. 하지만 우리는 어느새 유전자 하나 섞이지 않은 그 시어머니가 내게 했던 것보다 더 심하게, 혹은 아닌 척하지만 더 치사한 방법으로 흉내 내고 닮아간다. 그것은 자기가 당했던 것을 그대로 되갚

아주고 싶은 데서 오는 심리라기보다, 시어머니로부터 남편을 지켜내기 위해, 혹은 시어머니에게 남편을 빼앗긴 채로 외롭게 살아왔던 시간이 아들에게로 고스란히 옮겨갔기 때문이다. 즉 너무 많은 애정이 아들에게로 쏠려버린 탓에 그 아들을 자신이 아닌 다른 이에게 보내주는 일이 너무 어렵고 고통스러운 일이 된 것이다.

겪어보지 않으면 얼마나 힘든지 모른다는 말, 어른들이 자신보다 한참 인생을 덜 산 사람들에게 흔히 하는 말이라지만 아이를 낳아보면 엄마가 위대해 보이고, 자식을 분가해보면 그 위대함이 더 커 보인다. 나 역시 남편을 만나 결혼을 하고, 만만하게만 봤던 시어머니란 존재를 겪으면서 "이 결혼은 사기"라는 생각을 지우기가 힘들었다. 어머니와 나의 종교관이 너무 다르다는 것도(남편이 그 이야기를 한 번도 해준 적이 없기에) 커다란 배신이었지만, 남편을 키우면서 어머니가 가져야 했던 공허함의 크기, 무엇이든 당신 뜻대로 하지 않으면 안 되는 그 엄청난 성미와 아들에 대한 욕심, 그 모든 것들이 한데 버무림 되어 나를 옥죄일 때가 한두 번이 아니었다. 그러면서 '이 결혼은 사기다, 나는 사기를 당한 거다' 하며 밤마다 몸을 뒤척이면서 되돌릴 수 없는 시간들에 대한 후회를 하던 때도 있었다.

하지만 인간은 참 간사하다. 남편보다 아들에게 더 마음이 쏠릴 때마다 나는 어김없이 시어머니가 내게 하던 행동이나 말을 그대로 속으로 되뇌고 있는 것이다. 누구를 만나는지 무엇을 하고 다니는지 아들이 하는 것은 다 궁금하고, 혹시 내 뜻대로 안 될 때에는 겉으로는 괜찮은 척 "잘했어. 다음엔 그렇게 안 하면 되지."라고 타이르면서도 그 실수가 몇 차례 반복되면 속이 타들어 가는 듯한 고통이 밀려온다.

이런 내가 나중에 아들을 다른 여자에게 보내야 할 때가 오면(반드시 그러한 때가 올 것이지만) 나는 얼마나 멀쩡할 수 있을까. 시어머니를 닮은 내 모습을 상상하면 벌써부터 인정하기가 싫어지지만 나는 언젠가는 그녀가 되고, 그녀만큼은 아니겠지만 아들의 여자를 불편하게 하지 않겠는가. 생각만 해도 끔찍하다.

자신의 윗세대들이 우리 자신에게 행한 나쁜 행동이나 말, 대물려지는 습관들 때문에 고통을 토로할 때 나는 그들에게 딱 잘라 이렇게 말하곤 한다.

"지금, 당신의 대에서 끊어버리면 됩니다. 더 이상 되물림하지 않도록 하는 것, 그것이 가장 중요해요."

나도 언젠가 그녀가 된다. 어쩌면 고스란히 내가 싫어했던 그 부분을 그대로 따라 하고 있을지도 모른다. 하지만 나는 다짐하고 또 다짐하면서, 조금 더 성숙한 그녀가 될 것이라 다짐한다. 나의 아들이 건강한 남편이 되고 가장이 되어 나에 대한 상처나 죄책감 혹은 책임감으로 곁에 있는 자신의 여자를 아프게 하지 않도록. 나는 건강하게 아들을 분리시키고 지금의 내 남자와 남은 생을 더 알차고 행복하게 꾸려갈 수 있도록 설계할 것이다. 그리고 이런 내 모습을 내 아들의 그녀도 닮아가고, 내 딸도 닮아갈 수 있게 할 것이다. 내가 정말 간절히 원하는 모습을, 지금 나로부터 시작하고자 힘차게 첫발을 내딛는다.

내가 그 여자가 된 것을 확인하던 날

― 건강하게 아들을 보내는 법 I

그날따라 정신없는 하루를 보내고, 예정보다 일찍 집에 도착한 날. 내가 그렇게 일찍 집에 올 거라 생각을 못했던 모양인지 집에 들어서자마자 후다닥 하는 소리가 들리더니, 이내 아들이 방문을 열고 어색하게 나와 나에게 꾸벅 인사를 한다. 좀 전에 개봉된 영화가 TV화면에 흐르는 것을 보면, 거실에 있다가 들어간 것이다. 나와 마주치지 않으려고.

"엄마, 벌써 오셨어요?"
"응. 왜, 누구 왔니?"

나는 현관에 놓인, 그냥 탁 봐도 여자아이의 것인 줄 알 수 있는 신발을 힐긋 보며 아들에게 물었다.

"네, 여자친구 와서 같이 영화보고 있었어요. 금세 나갈 거예요."

미용을 배운다는 새 여자친구의 이야기를 몇 번 들은 기억은 있었지만, 별로 아는 것도 없이 그저 마음에 탐탁지 않았던 아이였기에 내가 없는 시간 집에 둘이 있었다는 사실이 썩 유쾌하지만은 않았다. 그래도 인사는 해야겠고, 사실 얼굴이 좀 궁금하기도 하여 방안을 쓱 들여다보려 하는데 정작 그 친구는 문 뒤에 숨어 나오지도 않는 것이다. 생각해보면 어른이 왔으면 먼저 나와서 인사를 해야 하는 게 예의 아닌가. 어디서 가정교육도 제대로 못 받았나, 이런 생각이 불쑥 올라오며 화가 머리끝까지 치밀었다.

"미솔이가 쑥스러운가 봐요, 엄마. 우리 지금 나갈 거예요. 다음에 인사드릴게요."

그러고 아들은 여자친구 손을 잡고는 나를 피해 부리나케 나가버렸다. 나는 아들의 말에 대꾸도 안 하고 두 아이가 나가는 것을 물끄러미 쳐다보았다. 아이들이 나가고 난 후 문을 걸어 잠그고 냉장고에서 찬물을 꺼내 벌컥벌컥 들이마셨다. "대체 뭐하는 애야? 어디서 저런 애를 주워왔어?"라고 중얼거리다 "어머, 내가 지금 '주워왔어'라고 한 거야? '데려왔어'가 아니라?" 하며 내가 던진 돌직구 표현에 스스로도 적지 않게 당황을 했다. 직업상 인간에 대한 편견이 가장 없어야 할 나인데, 나는 그 상황을 지혜롭게 넘길 수가 없었다. 아들이 늦게까지 들어오지 않자 더 열이 받아 문자로 '얼른 들어와, 이야기할 게 있다'고 몇 차례 보냈고, 남편이 들어오자마자 낮에 있었던 일을 이야기하며 씩씩대었다. 남편은 "그러다 말겠지. 결혼할 것도 아닌데 뭐가 그렇게 심각해."라고 했고, 딸아이도 내 이야기를 듣더니 "저가 좋다고 하는데 지금은 잘 만날 수 있게 그냥 둬요. 요즘 애들이 다 그렇잖아요."라는 말로 오히려 날 설득하려 들었다. 그걸 내가 왜 모르겠나. 지금 만나는 친구와 물론 결혼할 수도 있지만 지금 당장 결혼 상대자를 데리고 온 것도 아니고, 어떤 사람 중에는 어른과 처음 대면하는 것을 무척 불편해하거나 쑥스러워하는 사람도 분명 있다. 내가 그걸 왜 모르겠냐고.

그런데 어쨌거나 아들이 자신의 여자친구를 데리고 그렇게 휘리릭 나가버렸다는 사실이 너무나 괘씸했다. 아니, 벌써부터 저렇게 편을 들면 나중에 내 이야기가 먹히기나 할까? 아무리 옳은 소리를 해도 듣기 싫어할 테고, 조금이라도 안 좋은 소리를 하면 그러지 말라고 도리어 날 훈계하려 들 텐데. 나는 이런저런 생각들 때문에 밥도 먹는 둥 마는 둥 하며 아들이 들어오기만을 기다렸다. 느지막이 들어온 아들은 꾸벅 인사를 하고 방으로 들어간다. 나는 곧장 따라 들어가 아들에게 말했다.

"그건 좀 아니지 않아?"

"뭐가요?"

"네 여자친구 말이야. 너무 예의가 없잖아. 그리고 그 상황에서 네가 그렇게 해버리면 그 애도 엄마를 우습게 볼 거라고."

"미솔이 애기, 하시는 거예요?"

"그래. 네 여자친구인지 누군지."

"엄마, 미솔이 착한 아이에요. 그냥 쑥스러움이 많아서 그런 거예요."

"난 그 애가 정말 마음에 안 들어. 예의도 없는 것 같고…… 너랑 어울리지도 않아."

"제가 지금 당장 결혼할 것도 아닌데 왜 그러세요. 나중에 제가 결혼할 사람 데리고 왔는데 엄마 마음에 안 든다고 해서 그때도 그렇게 말씀하실 거예요? 엄마야말로 그건 아니지 않아요?"

"너 벌써부터 그런 얘기를 하는 거야? 엄마는 정말 서운하구나."

"그러지 마세요. 제가 알아서 할게요. 여자친구 일은."

내 언성이 높아지자 남편은 나를 데리러 왔고 난 안방으로 들어와 씩씩대며 남편에게 화풀이를 해댔다.

그 일이 있고 조금 시간이 흐른 후 그때의 여자친구와 헤어지고 다른 여자친구를 만나게 됐다는 말을 듣고 안도하는 내 모습을 보며 '참 아이러니한 인간이구나, 내가.' 하는 생각을 지울 수가 없었다. 나도 어쩔 수 없는 아들 둔 엄마인가. 이런 욕심이 대체 어디서 나오는 걸까.

아들이 사랑하고 좋다고 하면 나도 좋아하고 사랑해야 하는 게 맞는데, 왜 나의 기준대로 아들이 선택해야 할 모든 것들에 결정권을 행사하려고 하는 것일까. 아이가 아주 어리다면 또 모르겠지만, 그리고 자신이 선택해야 할 문제가 아니라 반드시 인생 선배의 조언과 가족들 간의 의견 공유가 동반되어야 하는 문제였다면 모르겠지만, 이제 열여덟 살인 아들의 여자친구 문제인데. 나는 왜 그렇게 흥분이 되고, 그 여자친구가 내 성에 차지 않는다는 사실에 그토록 화가 났던 것일까.

나는 이미, 내가 그토록 욕하고 분노했던 내 남자의 그녀가 되어버린 걸까. 거기에서 생각이 멈추는 순간 나도 모르게 한숨과 짜증이 밀려왔다. '정말 한심하구나.' 그러지 않으려고 해도 나는 그녀가 되어가고 있고, 중요한 건 더 못한 그녀가 되지 않기 위해서 지금부터라도 노력해야 한다는 사실이었다. 나는 아들에게 그때의 일을 사과하며 새 여자친구(얼굴도 보지 못했지만 그 어떤 여자를 데려와도 내 마음에 완벽히 들 수 없지는 않겠는가)와 함께 식사하라며 발렌타인데이 때 패밀리레스토랑 식사권을 선물로 주었다. 그리고 그렇게 한 나 자신을 칭찬하기 위해 장을 보다가 한쪽 좌판에서 파는 귀걸이를 샀고, 밤새도록 남편에게 내가 한 일을 종알거리며 칭찬과 인정을 끌어냈다. 졸면서도 '당신이 참 잘한 것이다'라고 하는 말을 열 번도 넘게 듣고 나서야 나도 웃으며 잠들 수 있었다.

알고 있다. 내가 참으로 서툴고, 유치하다는 것을. 솔직하게 내가 상담을 하며 '이렇게 대처해야 합니다.'라고 조언해주었던 모든 것들을 나도 내 삶에 백 퍼센트 적용하며 살고 있지는 못할 것이다. 그러나 알고 있는 것과 모르는 것은 적어도 그 시작점이 절반 이상 차이가 나는 것이라고 나는 말해주고 싶다. 그리고 조금이라도 더 빨리 알고 실행하는 것이 결국엔 훨씬 더 유리하리라는 것도. 그래서 우리에게는 이런 우리 자신, 모든 것에 처음이고 서툴기만 한 우리 자신을 인정하고 다독이며 새로 시작할 수 있는 용기가 필요하다. 혹여 이 글을 읽고 있는 분이 남자라면 그런 자신의 여자가 용기를 낼 수 있도록 따뜻한 사랑과 자신감을 불어넣어주자. 잘하고 있다고, 못나서 그런 게 아니라 처음 해보는 것이라 그런 거라고, 말 한마디 건네며 다독여주자.

나도 남편의 진심어린 위로와 지지의 그 한 마디 말로 나의 아들을 건강하게 보낼 준비를 하고 있으므로.

모든 이별에는
유예 기간이 필요하다
― 건강하게 아들을 보내는 법 II

　얼마 전에 채널을 돌리다 본 한 프로그램에서 너무나 의미 있는 단어를 접하게 되었다. 유예기간. 이는 법률 용어로 당사자나 그 밖의 소송 관계인의 이익을 보호하기 위하여 법률이 일정한 사항에 관하여 일정한 시간을 미루어 두는 기간을 말한다. 어찌 보면 우리네 삶에는 이 유예기간이 절대적으로 필요할 때가 있다. 특히, 이별에 관해서는 더욱 그러하다.

　얼마 전에 본 한 프로그램에서도 이와 관련된 이야기를 하고 있었다. 패널로 나온 사람들은 공교롭게도 다섯 명 모두 형사였는데, 그들은 자신이 겪은 수많은 사건들에 대해 열심히 이야기를 해주었다. 그것은 각 사건들의 사실들을 기반으로 그 뒤에 숨겨진 인생의 진한 스토리들을 풀어내는 리얼리티 프로그램이었다. 대부분의 사건들이 저마다의 사연과 겉으로 드러나지 않았지만 차마 밝힐 수 없었던 다양한 진실들이 있기 마련이니까. 사고 중에 이별의 감정을 정리하지 못한 남녀 사이의 상해와 살인의 이야기를 전달하는 과정에서, 그들이 이구동성으로 하는 조언은 "이별을 말할 때도 예의가 필요하다. 그리고 이별의 감정을 받아들일 수 있는 적당한 기간을 두어야 한다."는 것이었다. 정말 공감이 되는 부분이었다.

오늘날은 사랑이 너무 쉽다. 여기서 말하는 사랑이 '어떤 상대를 애틋하게 그리워하고 열렬히 좋아하는 마음. 또는 그런 관계나 사람'이라고 하는 사전적 의미를 말하는 것이든, 그 감정을 기반한 만남으로 확장되어진 육체적 관계까지를 의미하는 것이든, 쉬워도 너무 쉽다. 그래서인지 지속성이라는 면에서 사랑이 이어지는 물리적 시간은 짧다. 짧아도 너무 짧다.

그런데 이런 경우 문제는 서로의 감정이 식고 각자의 위치로 돌아가야 할 때, 즉 서로 이별을 맞이해야 할 때다. 이때 둘 사이의 감정이 성숙하게 처리되지 못하면, 감정의 계산은 어느 한쪽에 '받아야 할 것이 남았다'는 채무의식을 안겨준다. 그러니 한쪽에서는 서로 만나서 이 계산을 끝내자고 할 것이고, 다른 한쪽은 그런 것이 어디 있냐며 막무가내로 피하고 무시하게 된다. 이러한 상황이 극단으로 치달아 범죄와 살인으로 이어지는 경우를 왕왕 본다. 교도소 상담을 하던 때에 이런 유형의 상담이 꽤 있었다.

그러고 보면 '이별의 유예기간'을 두는 것은 지혜로운 방법이다. 마치 시한부 인생을 선고받은 것처럼, 이별의 순간은 내 가슴을 무너져 내리게 만든다. 앞이 보이지 않고 고통스러운 순간들이 한동안은 계속될 것이다. 왜 이렇게 되었는지, 그래서 내가 어떤 방법으로 가장 덜 아프게 이 상황을 받아들여야 하는지, 그것을 생각하고 인정하고 헤쳐 나갈 시간이 필요하다. 그 기간이 그렇게 길면 안 되겠지만, 필요하다는 것은 이별을 해본 사람이라면 누구나 알 것이다. 뭐, 때로는 그런 시간조차 필요하지 않을 정도로 쌍방이 완벽한 이별의 합의점을 찾은 경우도 있겠지만 말이다.

어쨌든 난 그 '이별의 유예기간'이라는 게 가장 필요한 관계가 어머니와 아들 간의 관계라는 것을 크게 깨달았다. 분명 나도 언젠가 내 아들이 자신의 삶을 제대로 가꿀 수 있도록 떠나보내야 할 것이고, 그러자면 가슴 아픈 이별을 감수해야 할 것이다. 머리로는 이렇게 완벽히 이해되는 성숙한 이별이 가슴으로 받아들여지기까지는 얼마나 힘들겠는가. 그래서 그 힘듦을 감당하고 온전히 받아들이는 과정은 이별의 유예기간 동안 이루어져야 하지 않을까. 그런 의미에서 나는 내 아들의 여자에게 이렇게 제안을 해볼 것이다.

"내 맘에 조금씩 아들의 자리를 비워가는 이별의 유예기간을 줄 수 있겠니?"

내게는 너무나 소중한 아들이지만 시간이 되면 그를 내게서 떠나보내는 것이 마땅하다. 결혼과 동시에 육체적으로는 이미 아들은 그녀에게

가게 된다. 하지만 내 마음에서조차 아들을 떠나보낼 수 있으려면 좀 더 시간이 필요할 것 같다. 일 년 혹은 반년 동안만이라도 유예기간을 가지는 것이다. 불필요하다 여겨질 수도 있겠지만, 지나고 보면 결국 그 시간이 더 오랜 행복을 위해 정말 의미 있는 시간이었다는 걸 알게 될 것이다. 대신 그 시간 동안에는 나도 내 며느리를 알아가고 내 며느리도 나를 알아가며, 서서히 분리의 시간을 맞이하는 것이 바람직하다.

그러기 위해서는 먼저 내가, 나의 시어머니에 대한 이해를 하고 그녀를 받아들이기 위한 노력을 시작해야 한다. '왜 아들을 저토록 싸고돌까?' '가만히 놔두질 못하는 것일까?' '아직도 자신의 소유라고 생각하는 것일까?'……. 그런 의문들은 결코 건강한 답을 가져오지 못하게 한다. 나는 최근 고부간의 갈등 때문에 나를 찾아오는 많은 사람들을 상담하면서 내가 내려주는 처방을 나 자신에게도 적용하기 위해 많은 노력을 하기 시작했다. 그중에서도 내 시어머니가 끝까지 아들을 온전히 내게 맡기기 힘들어했던 이유에 대해서 그녀의 젊은 시절을 이해하는 일을 시작한 것이다.

너무나 가난했고, 배운 것도 없이 가족들을 먹여 살려야 하는 가녀린 여인이었던 시어머니. 그녀는 긴긴 세월동안 '나 자신'이라는 타이틀을 집어 던진 채 자신의 아들이 잘되어서 더 이상 이런 가난과 못 배움의 설움에 찌들지 않게 하겠다는 목표 하나만을 가지고 살아왔다. 비가 오나 눈이 오나 남의 논밭에 나가 일을 해주고 받아온 삯으로 온가족을 먹여 살렸던 어머니의 고생이 아들에게도 고스란히 전해졌을 텐데. 어떻게 하루아침에 "내 남자는 이제 저와 결혼했으니 신경 꺼주세요!" 하는 며느리의 태도를 웃으며 받아들일 수 있었을까. 더욱이 배우지 못했던 나의 시어머니는 결혼으로 인해 아들이 떠나가야 할 때 누가 가르쳐주지 않았어도 본능적으로 알았을 것이다. 자신에게서 가장 소중한 것과 어쨌든 이별해야 한다는 것을. 하지만 그녀에게 그 상황은 '보내는' 것이 아니라 '빼앗긴' 것이 되었을 테니 내가 얼마나 미웠겠는가. 그래서 내가 그토록 노력했음에도 처음부터 사이가 좋을 리가 없었던 것이다. 그 사이에서 내 남편은 집안이 시끄러워지는 것이 싫어 결혼 직후에는 가능한 한 내 편을 들어주려 애썼지만, 그러는 동안 자신을 키우느라 고생만 했던 어머니에 대한 죄책감은 점점 더 깊어져 결국 나를 원망하고 불쌍한 어머니를 끊임없이 그리워하는 순간도 수두룩했을 것이다.

세상 모든 '어머니'라는 존재는 자신이 낳은 자식을 언젠가는 떠나보내야 한다는 것을 잘 알고 있다. 당신도 그렇게 떠나와 새로운 가족을 이루었으니까. 또한 나의 자식이기는 하지만 내 소유가 아니라는 것도 알고 있다. '몰라서'가 아니라 '알면서'도 잘 안 되는 것뿐이다. 그러니 이별의 슬픈 마음을 요만큼도 이해하려 들지 않는 며느리가 곱게 보일 리가 있겠는가. 아무리 잘난 며느리라 할지라도 말이다. 그래서 '이별의 유예기간'은 반드시 필요하다. 미운 며느리도, 미운 시어머니도, 무심한 남편이나 아들도 사라지게 만들 묘책이니까. 조금씩, 천천히, 하지만 자연스럽게 서로를 보내고 끌어안을 시간. 우리 모두에게는 그 시간이 필요하다.

머언 먼 젊음의 뒤안길에서
인제는 돌아와 거울 앞에 선……
―그 시절을 보낸 어머니를 이해하는 법

한 송이의 국화꽃을 피우기 위해
봄부터 소쩍새는
그렇게 울었나 보다

한 송이의 국화꽃을 피우기 위해
천둥은 먹구름 속에서
또 그렇게 울었나 보다

그립고 아쉬움에 가슴 조이던
머언 먼 젊음의 뒤안길에서
인제는 돌아와 거울 앞에 선
내 누님같이 생긴 꽃이여

노오란 네 꽃잎이 필라고

간밤엔 무서리가 저리 내리고
내게는 잠도 오지 않았나 보다

- 서정주, 〈국화 옆에서〉

나는 가끔 이 시를 읊으며 나도 모르게 눈물을 흘릴 때가 있다. 특히 '그립고 아쉬움에 가슴 조이던 / 머언 먼 젊음의 뒤안길에서 / 인제는 돌아와 거울 앞에 선' 이 대목에서 늘 잠시 멈칫하게 된다. 이 시가 매력적인 것은 고생하며 자신의 삶을 희생한 여인, 아픔을 이겨내고 한 존재로서 자신을 거울 앞에서 바라볼 수 있는 초연함을 엿볼 수 있기 때문이다.

내 남편을 키워낸 나의 시어머니 세대의 '어머니'라는 존재는 누구나 떠올리면 가슴 짠해지는 애틋함을 느끼게 된다. 단순히 그 시절의 어머니가 그리워서가 아니라 70~80년대 한국 사회를 이끌며 경제 대국을 이루었던 남자들, 그들을 뒷바라지하며 한 가정을 책임지고 자녀를 양육해야 했던 어머니들의 고생스러움이 떠오르기 때문이다. 양손에 아이를 잡고 등에는 들쳐 업고 나오지 않는 젖을 짜고 없는 생활비를 쪼개어 밥상을 차리고 추운 겨울 손을 호호 불어가며 가사를 돌봐야 했던 어머니들의 고생이 남의 이야기처럼 느껴지지는 않을 것이다. 어떻게든 자식들이 자신보다는 덜 고생하도록 하기 위해서 애썼던 그 순간순간의 마음들이 지금의 아들들에게 고스란히 전달되었음은 당연한 것 아닐까.

이 시에서 보듯 그녀들의 깊은 회환과 고독, 그러면서도 그걸 이겨낸 인동초처럼 질긴 어머니 마음을 특히 내 남편 세대의 아들들은 쉽게 잊지를 못한다. 그러니 맛있는 것을 먹으면서도 어머니 생각, 좋은 곳에 가서도 어머니 생각을 빼놓을 수 없는 것이다. 나는 그 시절의 어머니에 비하면 훨씬 좋은 환경 속에서 자녀들을 길러내고 심지어 내가 하고 싶은 일을 하고 내 꿈을 세워가며('나'를 버리지 않고) 앞으로 나아가고 있지만, 그때의 어머니들에게 '내 삶'이란 곧 '내 가족을 위한 삶'이었기에 삶의 어느 언저리에선 아들마저 며느리에게 빼앗기고 참으로 슬피도 울었으리란 생각을 지울 수가 없다.

내가 이러한 마음으로 어머니를 이해하기까지는 참으로 오랜 시간이 걸렸지만, 그 시절을 버텨낸 어머니의 고생과 외로움을 조금이라도 더 빨리 이해하고 받아들일수록 그녀에 대한 미움을 줄일 수 있다. 내 어머니가 나와 동생들을 길러내기 위해 때때로 무능력했던 아버지 때문에 했던 수많은 고생만큼이나, 귀한 외아들만큼은 부모처럼 고생하게 하지 않기 위해 공부를 시키고 내 것을 털어 당연히 아들을 위해 내어놓았던 그 희생의 시절은 귀하고 감사한 것이다. 그렇게 귀하게 키운 내 남자를, 아들이 사랑한다는 이유로 나에게 보내주고 식구로 받아들여 평생을 함께할 가족의 운명으로 허락하였으니, 그것은 참으로 특별한 인연이자 소중한 인연이다.

언젠가 이야기한 적이 있지만 나 결혼한 지 벌써 20년이 지나고, 이제는 예전에 비해 한없이 부드러워지기만 한 어머니를 볼 때마다 마음이 숙연해진다. 시아버지도 없이 혼자, 아직은 정정하시다지만 그래도 하나뿐인 아들 보내고, 남편도 보내고, 죽어서 가지고 갈 수도 없는 재산이 덧없다는 걸 문득문득 알게 되었을 때, 그래서 아무것도 남지 않은 채 그저 이불 위에 야윈 몸 하나 뉘일 때 어떤 생각들이 드실까. 이제 더는 너무 깊이 자식들의 인생에 간섭해서는 안 되겠구나 깨닫는 어른이 되어갈수록, 알기에 더욱 서글프고 외로워지는 그 마음을 홀로 감당하실 수나 있을까. 그리고 그 서글픈 뒷모습을 나도 이제는 닮아가고 있다는 생각에 더욱 가슴이 찌릿해져오는 것은 무엇 때문일까.

나는 차라리
기세등등했던 그 여자가 그립다

— 그 시절을 보낸 어머니를 이해하는 법

결혼한 지 20주년이 되던 해, 나에게 좀 특별한 일이 일어났다. 내 생일을 며칠 앞둔 날 시어머니가 나를 불러 가보았더니, "아무것도 없는 집에 시집 와서 너무 고생이 많았다." 하시며 백만 원짜리 수표를 건네주시는 게 아닌가. 그 돈을 앞에 두고 참 많은 것이 스쳐 지나갔다. 한겨울에도 도시가스요금이 난방비로 이만 원을 넘지 않게 쓰시는 분이, 당신을 위해 화장품 하나도 사지 못하시는 분이 내 놓은 백만 원. 우리 어머니에게 있어 백만 원은 삼천만 원 정도의 의미다. 어머니는 너무나 가난하게 살아오셨기 때문에 평생 돈에 대해 예민하셨고, 돈 때문에 나를 너무 힘들게 하셨다. 그런 어머니가 나에게 옷 사 입으라고 백만 원을 주다니. 게다가 고생했다는 말까지.

그날 나는 무엇엔가 맞은 듯한 느낌이 들었다. 기분이 너무 이상했다. 늘 날 뾰족하게 대하고, 특히 돈과 관련된 일 때문에 그토록 투쟁하다시피 해왔는데, 갑자기 왜 그러시는 거지? 내가 뭘 잘못했나? 나한테 뭐 바라는 게 있으신가? 종국엔 어디서 한 백억쯤 생기셨나? 하는 말도 안 되는 생각까지 했다. 이런저런 생각에 잠겨 있는데 남편이 "명지대 앞에 거기로 와. 술 한 잔 마시자!"고 전화를 해왔다. 먼저 와서 나를 기다리고 있는 남편의 얼굴에 웃음이 가득했다. 그날 남편은 어머니가 나에게 백만 원을 준 것에 대해 너무 기세등등해하면서 마치 나에게 '봤지? 봤지?' 하는 의기양양한 태도로 물어왔다.

"당신, 참 좋지?"

하지만 나는 그날 무척 우울했다. 남편은 내가 왜 우울해하는지, 아니, 내 기분이 우울모드인 것조차도 모르는 것 같았다. 나도 내가 왜 그런지 잘 몰랐다. 예전과는 사뭇 다른 어머니의 태도에 놀라서 그런 걸까. 평생을 욕만 하던 할머니가 어느 날 욕을 멈추고 얌전해지는 모습을 보고 사람들이 그렇게 걱정을 했다는데, 무언가가 변화한다는 것에서 동반되는 두려움 때문이었을까.

이틀 후 나는 내가 왜 그렇게 우울하고 혼란스러웠는지 알았다. 내 마음속에 저장되어 있는 어머니의 도식은 냉정하고, 말도 툭툭 내뱉고, 내 입장이라고는 조금도 이해해주지 않는 분, 그런 것이었다. 그런데 그날 나에게 보여주신 어머니의 도식은 자애롭고, 나를 이해해주고, 그동안의 내 아픔을 보듬듯 하는 것이었다. 기존의 도식과 새로운 도식 간의 괴리감이 나를 그토록 혼란스럽게 만들었던 것이다. 나는 '둘 중 어느 도식이 진짜지? 내가 어떤 어머니의 도식을 장착하고 받아들여야 하지?' 고민하면서 두 도식 사이를 왔다 갔다 하며 고민하기 시작했다.

얼마 후 구정 때 가족이 모였을 때도 역시 어머니는 나에게 자애로운 도식으로 다가왔다. 어머니가 변하고 있었던 것이다. 그런데 어머니의 자애로움이 왜 나에겐 초라함으로 다가왔을까. 밑도 끝도 없이 그냥 예전처럼 기세등등한 어머니의 모습이 차라리 나을지도 모르겠다고, 나는 돌아서서 막연히, 그리고 마구 흘러내리는 눈물을 훔쳐냈다. '왜 저러시는 거야, 대체……'

세월이 20년이 흘렀다. 내가 새 식구로 남편만 믿고 이 집에 들어와 어머니라는 강적을 만나고 그녀를 받아들이고 이해하고 이제는 그녀가 하는 모든 것들을 삶의 일부처럼 이해하고 받아들이기까지. 수많은 눈물과 고통의 순간들, 어머니가 속상하게 할 때마다 남편을 원망하고 그를 미워하며 이 집에 시집 온 것을 후회하고 또 후회하던 순간들을 지나 이제 겨우 그 도식을 받아들이고 익숙해졌는데 이러시면 안 되는 건데……. 하지만 나는 또 받아들여야겠지. 이렇게 되기까지 어쩌면 너무 오래 걸렸는데, 그 세월이 참 많은 것을 내게 가져다주었고 또 빼앗아가면서 깨달은 여러 가지가 있으니까.

그중 하나, 이번 일을 통해 내가 여실히 깨달은 것은 내 아들이 며느리 앞에서 의기양양하려면 내가 어때야 하느냐, 하는 것이었다. 이 또한 지극히 이기적인 생각에서 우러나온 것이겠지만 내 아들이 자신의 생각을 자유롭게 이야기하고 중요한 결정 앞에 눈치 보지 않게 하려면, 아니 적어도 나 때문에 바가지 긁히지 않게 하려면, 나는 며느리에게 올바른 도식을 심어주어야 할 필요가 있다. 다행히 나는 구두쇠가 아니어서 내 식구가 된 이상 아낌없이 주고 안으로 거두겠지만, 실은 그 모든 것이 내 아들을 위한 것임을, 그 솔직한 마음을 숨기지는 않겠다. 그렇게 인정하면 마음이 편하다. 나도 딸처럼 며느리를 아끼려고 노력은 하겠지만 딸이 될 수 없다는 것은 너무나 잘 아니까. 괜히 말로만 '딸'이라고 하면서 시시콜콜 못마땅해 하지 말고, 못마땅해도 며느리니까 예뻐해주자는 마음을 인정하면 좀 더 편해질 것이다.

남편은 그날 술이 한 잔 들어가자 내게 "당신 힘들었던 거 알아. 어머니 많이 미웠겠지만, 한번 용서해주라."고 말했고 나는 "돈 백만 원으론 어림도 없어."라고 대답하며 함께 웃었다. 그녀가 한풀 꺾이고 힘이 없어져 내게 포근해지면 내 인생에 가장 평안한 날들이 시작될 거라고 생각했는데, 나는 지금 그녀가 한없이 서글프다.

결국 그 여자와 나는
적이 아니었다

― 시어머니와 며느리의 관계를 새롭게 바라보는 법

그 사건이 있은 이후 나는 종종 어머니가 그립다. 그리고 어머니가 참 외로우셨겠다는 생각을 하곤 한다. 혼자 살고 있는 어머니에 대한 걱정이 앞서고, 그래서 사실은 자그마한 단독을 얻어 본채 옆에 아담한 별채를 짓고 어머니를 모시고 싶다는 생각도 하곤 한다. 아버님에 대한 애틋함이 내 안에 있는데 그 애틋함이 올라오면서 우리 어머니도, 아버님도, 두 분 모두 사는 게 버거워서 서로를 보듬어주는 방법을 모르셨던 거라는 생각을 하게 된다. 그러니 아들로만 향해가는 어머니의 사랑이 얼마나 컸겠으며, 나를 받아들이기는 또 얼마나 힘드셨을까. 나도 내 아이를 키워보니 시어머니와 나는 같은 경험을 통해, 같은 아픔을 겪고 있다는 걸 알 것도 같다. 이제야 비로소 어머니와 내가 한 걸음 더 편안하게 서로를 향해 다가갈 수 있겠다는 생각이 든다.

나에게 상담을 받으러 온 사람 중에 청상과부가 된 여인이 있었다. 간이식 수술을 하던 중 남편을 잃은 것이다. 정신적으로 꽤 큰 고통에서 헤어 나오지 못하고 있는 듯했는데, 무엇보다 혼자된 지 10년 가까이 된 그녀의 경우 아들과의 관계에서 자신은 부정하지만 아들을 떠나보내지 못하고 있는 모습에 안타까웠다. 아들을 상담할 계기가 되어 만나 본 녀석은 내가 생각했던 것과 달리 너무나 건강하고 의젓한 모습이었다. 좀 가까워진 후에 녀석에게 미래에 대한 얘기들을 할 기회가 있었는데 나는 '네가 진짜 하고 싶은 것을 위해 가족을 떠나게 되더라도 감수할 용기가 필요하다'는 것을 말해주었다. 그러자 바로 되돌아오는 말이 그날 오후 내내 나의 가슴을 먹먹하게 만들었다.

"아니요. 제가 떠나면 엄마는 어떻게 해요?"

"네가 무슨 독수리 6형제쯤 되는 줄 알아?" 우스갯소리로 꾸짖었지만 녀석과 많은 이야기들을 나누면서 그 녀석의 속안에 자리한 어머니에 대한 도식과 자신의 역할에 대한 도식이 참 견고함을 알았다. 처음엔 그 녀석이 어머니를 떠나지 못하고 잡고 있는 줄 알았다. 그러나 전혀 반대였음을 아는 데 그리 오랜 시간이 걸리지 않았다. 내가 보기에도 너무나 예쁜 녀석의 어머니는 외로움에 몇 번의 연애를 하기도 했다. 그러나 연애의 횟수만큼 이별의 횟수가 있었을 것이고 아마도 예민한 그 녀석은 그것을 눈치 챘을 것이다. 문제는 일반적으로 엄마가 연애하고 이별하는 일들이 자기를 버렸다고 느끼는 감정을 갖게 되는데 이 녀석은 오히려 이러한 엄마를 관계에 미숙한 사람으로 끌어안고 자신이 보호해야 한다고 느끼는, 오이디푸스의 단계에서 사고하는 것이었다.

이럴 경우 백이면 백 나중에 엄마와 아들의 여자는 적이 되기 십상이다. 특히 아들의 여자는 남편을 나누어 살 것을 각오하고 결혼해야 한다. 왜? 남편은 내 남편이지만 어머니의 보호자도 되기 때문이다. 그러나 다행히도 신뢰가 가득한 분위기에서 녀석과 어머니를 충분한 시간을 두고 여러 번 상담하며 녀석은 녀석대로 자신의 삶을 사는 방법, 자신의 삶을 존중하는 방법, 그리고 건강하게 분리하여 한 독립체로 서는 것이 오히려 자신이 해야 할 일임을 알아갔다. 또한 엄마는 엄마대로 아들을 의존하지 않고 스스로 독립하여 자아실현의 삶을 모색하게 하였다. 물론, 지금도 그 과정 중에 있다. 어차피 인생은 계속 'ing'형이니까.

그런데 만약 남자가 없다면 어떨까. 그러면 어머니와 나의 관계는 끝난 것 아닌가? 그런데 참 아이러니한 경우가 있다. 내가 아는 한 여자는 남편이 있는 동안 시어머니와 너무나 껄끄러운 관계로 지내다가, 남편이 부재하게 된 순간부터 그녀와 더 가까이 지낼 수 있었다고 고백했다. 서로가 같은 것으로 아파했고, 그래서 서로의 상처와 아픔을 더 깊이 이해할 수 있게 된 것이다.

"우린 서로 친한 친구가 되었어요. 어머니는 요즘도 제 손을 잡고 말씀하시죠. '내가 왜 아들이 살아있을 때 너와 이렇게 지내지 못했을까.' 하고요."

결국 우리는, 우리에게 주어진 한정된 시간 안에 우리에게 주어진 한정된 관계를 최대한 아름답게 가꾸며 살아야 한다. 아들이 있다면 며느리를 맞게 될 테다. 아들이 부재한 후에 그녀와 더 좋은 관계가 되기 전에 나와 그녀가 가진 숙명적인 운명의 고리를 이해하고, 우리가 결코 한 남자를 두고 치열하게 경쟁해야 하는 적이 아니라 결국은 한 편임을 받아들인다면. 우리는 더 늦기 전에 훨씬 더 행복한 삶을 살 수 있지 않을까, 생각해본다.

결혼한 지 벌써 20년이 지나고, 이제는 예전에 비해 한없이 부드러워지기만 한 어머니를 볼 때마다 마음이 숙연해진다. 시아버지도 없이 혼자, 하나뿐인 아들 보내고, 죽어서 가지고 갈 수도 없는 재산이 덧없다는 걸 문득문득 알게 되었을 때, 그래서 아무것도 남지 않은 채 그저 이불 위에 야윈 몸 하나 뉘일 때 어떤 생각들이 드실까. 이제 더는 너무 깊이 자식들의 인생에 간섭해서는 안 되겠구나 깨닫는 어른이 되어갈수록, 알기에 더욱 서글프고 외로워지는 그 마음을 홀로 감당하실 수나 있을까. 그리고 그 서글픈 뒷모습을 나도 이제는 닮아가고 있다는 생각에 더욱 가슴이 찌릿해져오는 것은 무엇 때문일까.

Chapter 7.

나와 그 여자가 손을 잡던 날, 비로소 내 남자가 내게로 왔다

여자와 그녀의 남자. 그리고 그 남자의 어머니. 이 세 사람의 관계는 누구 하나가 사라지면 좋아지게 된다는 말도 있다. 그만큼 셋이서 풀기 힘든 숙제 같은 관계라는 뜻이기도 하다. 그래서 앞 사례에서처럼 내 남자가 부재하게 됐을 때 그녀와 내가 적이 아닌 동지라는 걸 깨닫게 되는 일도 있다. 그런데 이렇게 생각해보면 어떨까? 내 남자가 굳이 부재하지 않더라도 나와 그녀가 적이 아니라 동지라는 걸 알게 된다면, 그때 가장 큰 혜택을 보는 사람은 누구일까? 그 사이에 끼어서 그동안 불협화음이 일 때마다 바람처럼 사라지고, 쾌변하지 못하고 괴로워하던, 바로 내 남자다.

많은 여자들이 '가정의 평화'를 외치며 남자들을 압박한다. 그녀의 존재는 당연히 '없어져야' 하거나 '그저 어른이어야' 하는 존재, 그래서 그렇게 되지 않는 한 처음부터 가정의 평화를 방해하는 존재이기에 가정의 평화를 지키기 위해서는 남자가 중간에서 모든 문제를 뚝딱뚝딱 해결하고 그녀를 설득하고 나를 달래주기까지 해야 한다. 남자는 그녀의 아들이며 나의 남편이기 때문에. 그녀로부터 태어났고 나를 사랑하기 때문에.

　가끔 아내 없이 혼자 나를 찾아와 그런 관계의 딜레마를 해결할 수 없어 자꾸만 회피형으로 변해가는 자신을 스스로 책망하며 우울해하는 남자를 볼 때마다 '대한민국 남자들 참 불쌍하다'는 생각을 하게 된다. 그때는 주변 사람들, 내 아버지, 내 아들까지…… 쭉 떠올리며 다 하나같이 때로 우리 두 여자 때문에 참 힘들겠다는 생각에 괜히 안쓰러워진다. 여자들이 살면서 한 번쯤이라도 이런 이해심을 발휘하게 될 때가 있다면 참 좋겠다.
　물론 세상에서 가장 힘든 건 처음부터 가족이 아니었으며 낯선 곳에 와서 적응해 살아야만 하는 '나'이겠지만, 그런 이방인이 만들어낸 또 하나의 관계의 이방인인 '남편'을 객관적으로 바라봐준다면. 가끔은 잠자리에서 그의 머리를 내 가슴으로 안아줄 수 있는 이해심을 발휘할 수도 있을 것이다. 남자들은 여자들이 생각하는 것보다 훨씬 둔해서 실제로 여자들 사이에서 느끼는 미묘하고 불편한 감정들을 잘 감지하지 못한다. 속상해서 돌아누워도 그냥 오늘은 그렇게 눕고 싶은가 보다, 하고 이해하는 것이 남자니까. 그런 식으로 표현하는 것으로 남자의 완벽한 이해를 바래서는 절대 안 된다. 왜 이렇게 화나고 속상한 내 마음을 거들떠 봐주지 않는지 괴로워할수록 사이는 더 멀어질 뿐이다.

그녀와 나의 사이가 틀어지고 해결할 수 없는 문제들로 점점 골이 깊어질수록 해결점을 찾으려는 남자의 단순한 노력들이 더 큰 불화를 일으킬 때가 있다. "대체 왜들 그래?"가 타령처럼 가정의 울타리 속에 울려 퍼지고 "내가 뭘 그렇게 잘못했어?"가 답가로 울려 퍼지는 일이 반복되면 그 사이에서 가장 큰 피해를 보는 것은 바로 '나' 자신이 된다. 시어머니 사랑은커녕 남편의 사랑도 받지 못하는 불쌍한 여자가 되어버리고 말 테니까. 실제로는 아니라 할지라도 스스로를 그렇게 여기게 될 거라는 말이다.

정말 힘들다는 걸 알고 있지만 나의 이해심과 용기는 남편을 살리고 세 사람의 관계를 멋지게 바꾸어놓을 수 있다. 그리고 내 남자가 비로소 완전히 내 편이 되고, 내 사람이 되는 경험도 할 수 있게 된다. 시어머니라는 존재를 이해하고 받아들이는 것은 세상 그 어떤 복잡한 고리를 푸는 것보다 불편한 일일 수 있지만, 또 많은 시간을 필요로 하는 일일 수 있지만, 우선 시작하면 그것이 가져다주는 소소한 행복들(용서와 사랑이 가져다주는 깊은 감동과 함께)을 느낄 수 있으리라, 나는 확신한다.

    나와 내 남자, 그녀의 관계를 내 남자가 풀어야 한다고 생각하지 말라. 다 떠밀어놓고 뜻대로 안 된다고 짜증부리며 어린아이처럼 나 자신을 연민하지 말라. 내가 그 여자와 손을 잡아버리는 순간, 내 남자는 내게로 온다. 날 믿어보라.

그 여자는 그의 어머니로서만 존재해야 한다, 그리고 나도

— '진짜 어른'으로서의 어머니를 존중하는 법

교수인 남편과 살고 있는 한 여자가 찾아왔다. 시어머니와 하루가 멀다 하고, 말 그대로 '지지고 볶고' 싸웠다고. 시어머니와 한 공간에 있으니 그 불화는 점점 더 심해졌고, 서로 얼굴만 맞닥뜨리면 으르렁대며 '내가 당신을 이렇게 싫어한다'는 표현을 직접적으로 하는 지경에까지 이르게 됐다. 이 상황이 너무 괴로웠던 남편은 대부분의 남자들이 그렇듯 가지 않아도 될 학회 등을 자처해서 가면서 그 상황을 피하기만 했다. 그런데 나에게 찾아와 시어머니의 만행(?)들을 매번 고하며 소리를 질러대던 그녀가 한번은 굉장히 편안해진 얼굴로 나를 찾아와 웃으면서 차분하게 이야기를 꺼냈다. 결론적으로 이야기를 한다면 그녀와 시어머니는 완전히 화해를 하게 되었다는 것이었는데, 그럴 만한 강한 계기가 있었다.

"여름휴가 때 또 어김없이 어머니를 모시고 아들, 남편과 함께 여행을 하게 됐어요. 난 처음부터 기분이 좋지 않았죠. 왜 매번 이래야 하나,

화도 났고요. 뭐, 그래도 어쩌겠어요. 혼자 계신 어머니를 두고 우리끼리 놀다 온다 해도 남편은 마음이 편치 않을 게 뻔하니까요. 그래서 여행을 같이 떠나게 됐는데 바다 위에서 가족이 함께 배를 타게 됐어요. 섬으로 들어가야 했거든요. 그런데 갑자기 예상치도 못한 순간 파도가 밀려와 생명의 위협을 느끼는 순간까지 가게 된 거죠. 그 순간 어머니가 아들과 나를 싸안으며 이렇게 말씀하시는 거예요. '무슨 일이 있어도 이 아이들을 잘 키워야 한다. 내가 더 오래 살았으니 내가 먼저 가는 게 당연한 거야.' 다행히 저희 가족은 모두 무사히 배에서 내리게 되었고 어머니는 예전 모습 그대로 돌아가셨지만 저는 그날 이후 어머니의 그때 모습을 잊을 수가 없었어요."

그 섬에 있는 동안 여자는 시어머니에게 정말 여느 때보다 극진히 대해주었고, 시어머니도 그런 그녀를 더욱 아끼게 되었다. 그 모습을 본 남편은 "엄마랑 당신이랑 둘만 나 모르게 뭐 먹었어?"라고 표현할 정도였으니. 남편은 그 이후로 밖으로 돌지 않았다고 한다. 오히려 "여보, 어디 같이 갈까?" 하면서 둘만의 시간을 더 만들기 위해 노력도 하게 되었다고 했다. 여자는 모든 상황이 갑자기 이렇게 변화된 것에 어안이 벙벙해지기도 했지만, 한편으로는 이것이 시어머니를 보는 시각이 달라짐에 따라 자신에게 온 변화라고 인정했다.

"어머니나 남편이 하루아침에 다른 인간으로 개조된 건가요?"

"물론 아니죠. 어머니도 남편도 그 자리에 그냥 있어요. 그들이 달라진 게 아니란 말이죠. 달라진 건 제가 우리 어머니를 바라보는 시선이었어요. 아, 어른이란 저런 거구나. 평상시엔 모르지만 위급한 상황이 되면 어른은 어른의 모습을 드러내게 되는구나, 그렇게 느끼고 존경하게 된 것이죠. 이후로 작은 실수나 잘못은 그냥 이해하고 넘길 수 있게 됐어요. 그 전까지는 그런 것들마저 저와 사고가 다르니 부딪히고 화가 났었거든요. 제 시선이 바뀌니 어머니와 남편이 달라지더라고요. 그 이후로 어머니가 나를 대하는 태도도 달라진 것 같고, 그게 사실인지는 모르겠지만요. 아무튼 확실한 건 남편은 정말 저어게 잘하게 됐다는 거예요. 교수님, 정말 저 이렇게 행복해도 될까요? 감사드려요."

"아니요. 바라보는 시선을 달리한 스스로에게 감사해야죠."

여자는 흥분에 가득차서 이야기했고, 나도 덩달아 기분이 좋았다. 물론 그 흥분은 또 다른 갈등 앞에서 가라앉고 그녀의 마음에 상처를 내거나 실망감을 안겨줄 수도 있겠지만, 지금 그녀에게는 아주 건강하고 행복한 변화가 일어나고 있는 것임은 분명했다.

내가 결혼한 지 20년째 되던 해 생일에 나의 시어머니가 쥐어준 이백만 원이라는 돈은 내게는 아주 큰 의미였다. 돈의 액수를 떠나 그 행위 자체는 그동안 내 마음에 자리 잡았던 '시어머니'란 존재의 그림을 완전히 바꾸어놓는 것이었기 때문이다. 나의 시어머니는 하나뿐인 아들을 가만두지 못하고 나에겐 늘 부족한 점들만을 꼬집어 으르렁대는 사람이었다. 이 책의 앞부분에서 이야기했듯 그래서 난 그런 어머니의 행동에 며칠 동안 멍하니 있어야 했다.

'뭐가 잘못된 거지? 왜 저러시지?'

하지만 그녀는 이제야 비로소 마음에서도 아들을 보내고 편안함을 느끼게 되었다는 걸 알게 됐다. 아들에 대한 사랑과 집착이 진작 했어야 할 '분리'를 하지 못하게 막았을 뿐이다. 그렇게 하고 나면 얼마나 허전해질지, 삶의 절반이 고스란히 날아가 버리고 남은 것은 쓸쓸한 빈 방에 놓인 늙은 자신밖에 없다는 게 얼마나 쓸쓸할지 두려웠을 테니까. 단지 그래서였을 것이다. 나의 어머니도 어른이고, 나보다 훨씬 오래 삶을 살아낸 분임이 분명하다. 나와 남편, 그리고 내 자녀들이 함께 배에 타서 위급한 상황이 닥친다 해도 내 어머니는 똑같이 그렇게 하지 않으셨을까? 나는 그것을 믿어 의심치 않는다. 그리고 그런 믿음을 이제야 깨달았단 것도 고백한다.

나는 앞의 상담을 통해, 며느리가 바라는 '시어머니의 모습'은 어떤 것일지에 대해서도 한 번쯤 생각해보게 됐다. 그녀가 표현했던 '정말 어른'이라는 단어처럼, 우리는 어쩌면 시어머니란 존재에 대해 나의 부모님 같은, 아들에게 집착하거나 아들에게 의지하려는 존재가 아니라 스스로 어른으로서 성숙하게 우리를 받아들일 수 있는 존재로 있어주길 바라는지도 모른다. 분명 '어머니'라는 존재는 아들의 첫사랑이자 영원히 가슴으로는 분리될 수 없는 천륜임이 분명하지만, 아들에게 새로운 사랑이 나타났을 때 그녀는 잊혀진 첫사랑이자 사라지지는 않지만 그리움의 존재로 남아야 한다는 것도 알아야 한다. 그것이 진정 성숙한, 모든 자녀들이 바라는 성숙한 '시어머니'의 역할인 것이다. 그리고 기억하라. 이는 내 남편의 어머니, 즉 나의 시어머니에게만 해당되는 것이 아님을. 나 또한 그 길을 걸어야 한다는 것을 말이다.

우리는 하나이면서
동시에 셋이다

—가족 각각이 오롯이 자신의 역할을 다하는 법

　가족은 하나의 혈연 공동체이다. 이러한 가정이 혈연으로 이루어졌다고 해서 모두 행복한 가정을 이루는 것은 아니다. 가족치료 분야의 선구자인 버지니아 사티어Verginia Satir는 가족의 순기능과 역기능을 나누어 설명하면서 가족이 갖는 의미를 역설했다.

　기능적인 가정 즉, 순기능 가정이란 정상적인 가정의 기능을 제대로 수행하는 가정이다. 즉 가족 구성원간의 인격적 성장과 성숙이 잘 이루어지며 남편, 아내, 자식 등 다양한 가족 구성원들의 욕구가 적절하게 충족되는 가정이다. 이를 '건강한 가정'이라고도 한다. 그러나 갈등이나 위기가 없는 가정이라는 뜻은 아니다. 갈등이나 위기 상황에서도 크게 흔들리지 않고 문제를 해결해나가는 것을 의미한다.

　이에 반해 역기능 가정은 제 기능을 다하지 못하는 가정이다. 즉 인간이 가지고 있는 가장 기본적인 신체적, 정서적 욕구를 충족시켜 주지 못하고 정상적인 양육이 이루어지지 않는 가정을 말한다. 이는 자녀들이 성숙하는 데 필요한 사랑이 부족하거나 건강하지 못한 사람이 있는 가정이다. 이 가정에서는 인간의 기본적인 욕구가 충족되지 못하고 오히려 인간의 감정이 억압되어 자아가 정상적으로 성장을 못한다.

나는 강의를 할 때 이처럼 가족의 기능에 대해 이야기하면서, 항상 가족은 '헤쳐 모여!'가 되어야 한다고 강조한다. '헤쳐 모임'의 뜻을 잘 알고 있을 것이다. 건강한 가족이란 각자의 영역에서 각자의 역할을 잘 수행하고, 그러면서도 서로를 지나치게 간섭하지 않으면서 어떤 상황에서는 서로에게 힘이 되어줄 수 있는 존재가 되어주는 것이다. 앞에서 이야기했던 여러 경우들을 볼 때, 각자의 역할을 제대로 해내지 못하거나 서로의 영역을 비집고 들어가 자신의 소유물처럼 조종하려 들 때, 혹은 문제가 생겼을 때 하나가 되지 못하고 서로를 비난하고 원망하려 들 때, 가족이라는 울타리는 제대로 된 기능을 하지 못하게 된다.

특히 어떤 상황에서도 가정 안에서 문제를 해결하려는 여자들의 성향과는 달리 바깥으로 에너지를 많이 표출할 수밖에 없는 남자들의 경우, 문제가 생기면 가정을 벗어나 외부로 겉돌면서 큰 문제를 낳기도 한다. 자식 문제 때문에 부부가 자주 다투게 되는 경우도 그렇고, 부모님 문제로 부부가 자주 다투는 경우도 마찬가지다. 어쨌든 남자는 이 모든 시끄러운 상황이 지겹고, 싸움의 끝이 보이지 않는다고 여겨지면 자신이 그려왔던 결혼생활에 대한 꿈을 접고 바깥으로 그 에너지를 분출하기 시작한다. 그것은 동호회 활동이나 잦은 모임으로 이어지기도 하고, 심지어는 외도로 이어지기도 한다. 결국 정신적인(혹은 그 외의) 피해를 가장 많이 입는 것이 누구일지는 굳이 이야기하지 않아도 알 것이다.

　내가 '헤쳐 모여'의 이야기를 꺼낸 것은, 우리는 가장 먼저 아주 오랫동안 다른 삶을 살아온 세 사람임을 인정해야 한다는 사실이다. 그 사람들의 모든 삶의 형태와 습성들을 내 것으로 만들 수는 없다. 그리고 그 사람들이 한데 모여 가족을 이루었을 때에도 '우리는 한 가족'이라는 이유만으로 서로의 삶에 너무 깊이 관여하고 간섭하려 해서는 안 된다. "우리는 한 가족인데 왜 휴대폰에 비밀번호를 걸어두어야 하며, 방에 들어갔을 때 어떻게 문을 잠글 수가 있나?" 이런 식으로 나에게 '가족'의 정의에 대해 반문해오는 사람들에게 나는 이 이야기를 이해시키기 위해서 많은 노력을 하게 된다. 물론 서로에게 숨겨야 할 비밀이 있거나(자신만의 것이 아닌), 서로에게 거짓말을 해서는 안 되는 것은 사실이다. 하지만 자신이 한 개인으로서 지키고 싶어 하는 것이나 스스로를 위해 남겨두고 싶은 것들까지 모두 개입해서 바꿔놓으려 해서는 안 된다는 것이다. 그것이 가족 모두에게 피해를 주고 있다면 그것은 가족회의라도 열어 논의해보아야 할 문제이지만 말이다.

　그리고 분명 하나의 가족으로 모이기는 했지만 각자의 역할은 모두 다르다. 엄마, 아빠, 자식…… 또 그 엄마, 아빠의 부모. 각자가 가진 역할을 충실히 수행해내려는 노력은 항상 이루어져야 한다. 그러지 못할 때는 가정의 균형이 깨지기 때문이다. 자녀를 양육하고 가계를 꾸리고 화목을 도모하는 모든 것에서 역할을 수행하는 것은 매우 중요한 문제가 된다. 자신이 해야 할 역할을 제대로 해내지 못해 문제가 생겼다면 거기에 대한 책임도 스스로 지기 위해 최선을 다해야 한다. 너무 매몰차게 느껴질지도 모르겠지만, 우선 이에 대한 충분한 이해는 분명한 바탕이 되어야 한다는 이야기다. 그저 '사랑하니까'라는 말로 얼버무리기엔 행복한 가정을 지켜나가는 일이 그리 호락호락하지 않기 때문이다.

나는 지금까지 '헤쳐'에 대한 이야기를 했지만 그 다음 명심해야 할 것이 바로 이만큼이나 중요한 '모여'다. 우리는 분명 다른 삶을 살아온 존재들이지만 이제 하나가 되었다. 한 가족. 이제 이 인연은 쉽게 끊을 수 있는 것이 아니다. 각자의 역할을 수행하는 것이 중요하다고 했지만, 그러지 못해 가정에 어려움이 생겼을 때에는 언제든 서로의 힘겨움을 덜어줄 수 있다는 마음가짐도 너무나 중요하다. 이때에는 '가족이니까', '사랑하니까'라는 말이 충분히 가능하다. 아니, 어쩌면 이 말이 가장 중요하고 필요한 말일지도 모른다. 사랑하는 가족이니까 어려움은 모두의 것이 되며 서로를 위로하고 도와주어 불행해질 수 있는 요소들을 최소화하기 위한 노력을 기울여야 한다. 그리고 언제든 함께할 수 있어야 한다. 사랑과 신뢰를 밑바탕으로 형성된 가족이라는 관계는 다른 모든 것에서 우선할 수 있는 것이어야 하기 때문이다.

더욱이 나와 내 남자, 그리고 그 남자의 어머니. 이 세 사람의 관계는 천륜이며, 이 관계의 정의를 분명하게 인정해야만 우리는 더 행복한 삶을 꾸려갈 수 있다. 나는 가장 어리석은 여자들이 "남편은 이제 내 남자에요. 나와 결혼했으니 이제 어머니와는 끝난 것 아닌가요? 대체 어떻게 하면 둘을 떼어놓을 수 있을까요?" 하고 물어오는 사람들이라고 생각한다. 그리고 나도 처음엔 거기에 속했었고, 요즘도 가끔 거기에 속한다. 대부분의 여자들이 사실은 이런 간절함을 호소한다. 결혼을 하고 나서야 이 관계가 얼마나 어렵고 또 어려운 것인가를 깨닫고 말이다.

내가 '어리석다'고 표현한 것은 그 질문 자체가 벌써 잘못되었기 때문이다. 도저히 결론이 나지 않고 원하는 답을 얻을 수 없는 질문이다. 나에게도 아들이 있고, 내가 그 아들을 어떻게 키웠든 나와 아들의 관계는 그 누구도 끊어놓을 수가 없다. 둘 중 누구 하나가 사라진다고 해도 우리의 관계는 부모와 자식이다. 그런데 내 아들이 커서 누군가의 남편으로 새로운 가정의 가장으로 분리가 된다고 해서 내가 그의 어머니가 아니며 그와 완전히 관계가 끊어진 존재는 될 수 없지 않은가. 대부분의 엄마가 아들을 분리하는 과정에서 자신의 역할을 충실히 하지 못하고 미성숙한 태도를 보이기 때문에 세상 모든 며느리들이 자신의 아들을 빼앗길까 봐 겁을 내는 것이다. 그러니 우리는 아들과 어머니의 관계를 부정하고 그 둘을 떼어놓는 것에 집중하기 이전에, 그 관계를 인정하고 세 사람이 함께 가기 위해서 서로에게 가장 적절한 역할이 무엇인가를 객관적으로 바라보고 실행하는 일이 중요하다.

한 내담자가 나를 찾아와 이런 말을 했다.

"교수님, 저는 제 남자 친구의 얼굴빛이 좋을 때는 저도 기분이 좋고, 그렇지 않을 때는 하루 종일 기분이 나빠요. 얼마 전에 '찻잔'이라는 노래를 듣는데 제가 마치 그 찻잔 같다는 생각을 했어요. 찻잔이 흔들리면 저 자신도 달그락거리는 찻잔 말이에요."

그녀의 이야기를 듣고서 나는 예전부터 내가 좋아하던 그 찻잔의 가사를 나도 모르게 눈을 감고 떠올려보았다.

너무 진하지 않은 향기를 담고
진한 갈색 탁자에 다소곳이
말을 건네기도 어색하게
너는 너무도 조용히 지키고 있구나
너를 만지면 손끝이 따뜻해
온몸에 너의 열기가 퍼져
소리 없는 정이 내게로 흐른다

너무 진하지 않는 향기를 담고
진한 갈색 탁자에 다소곳이
말을 건네기도 어색하게
너는 너무도 조용히 지키고 있구나
너를 만지면 손끝이 따뜻해

온몸에 너의 열기가 퍼져
소리 없는 정이 내게로 흐른다

너를 만지면 손끝이 따뜻해
온몸에 너의 열기가 퍼져
소리 없는 정이 내게로 흐른다

너무 진하지 않는 향기를 담고
진한 갈색 탁자에 다소곳이
말을 건네기도 어색하게
너는 너무도 조용히 지키고 있구나
너를 만지면 손끝이 따뜻해
온몸에 너의 열기가 퍼져
소리 없는 정이 내게로 흐른다

- 〈찻잔〉, 노고지리 2집(작사, 작곡 : 김창완)

 이제 겨우 스물여덟 살이 된 그녀가 이 노래를 들으며 남자 친구에게 휘둘리는 자신의 모습을 알게 됐다니 나는 마음이 아프면서도 한편으로는 대견하다는 생각이 들었다. 그녀는 그러한 자신이 너무 싫으면서도 남자친구와 함께 있으면 그에게 맞추어주고 그가 행복할 수 있도록 최선을 다하게 된다는 것이다. 함께 있을 때는 그래도 그것이 행복하다고 느끼지만 집으로 돌아올 때는 자신이 가진 에너지가 모두 고갈된 것처럼 힘이 빠지고 쓸쓸한 기분마저 든다고 했다. 그런 그녀에게 나는 말해주고 싶었다.

'그 남자에게 휘둘리는 네가 아닌, 너 자신의 너로 살아가보는 건 어떨까? 그게 너에겐 버거운 일일까?' 그렇게 속으로 뇌이며 나 또한 그 시절엔 그것이 참 어려웠고, 누구 눈치를 보고, 누구 때문에 못하고, 그렇게 해놓고 나면 서럽고 아쉽고 후회했었다는 생각이 든다. 그리고 지금에서야 생각이 드는 것이다. 항상 주변의 관계와 내게 얽힌 상황들 속에서 전전긍긍하는 내가 아니라, 폭풍 속에서도 잠잠할 수 있는 내가 되었으면 어떨까 하고.

아내이자 며느리이자 한 여성인 나. 그리고 남편이고 가장이자 아들인 남편. 그의 어머니이자 시어머니인 어머니. 이 세 사람의 가장 건강하고 적합한 역할 중 하나는 '자신을 사랑하고 누구에게도 휘둘리지 않는 편안한 상태'로서 자신을 사는 일이다. '누군가에 의해' 살아가는 인생을 그만두고 나 자신을 가장 먼저 들여다보고 고민하다 보면 작은 바람에 달그락거리는 찻잔이 아닌 폭풍 속에서도 잠잠한 깊은 바다가 될 수 있다. 그렇게 되면 때때로 밀려드는 작은 파도쯤은 재미있는 놀이로 받아들일 수도 있게 될 것이다.

꼭 세 걸음만 뒤로 가서
그리움의 간격을 만들자

―어머니, 나, 남편 모두 상처받지 않는 법

사람과 사람사이도 그렇다.
너무 가까이서 자주 마주치다 보면
비본질적 요소들 때문에 그 사랑의 본질을 놓치기 쉽다.
아무리 좋은 사이라도 늘 한데 어울려 치대다 보면 범속해 질 수밖에 없다.
사람과 사람 사이는 그리움과 아쉬움이 받쳐주어야 신선함을 지속 시킬 수가 있다.

―법정, 〈아름다운 마무리〉 中

어느 겨울날, 아인슈타인이 산길을 걷고 있는데 고슴도치 두 마리가 서로에게 끊임없이 다가가는 것을 보았다. 너무 추워서 서로에게 점점 더 다가가긴 했지만 그럴수록 서로를 찌르니 계속해서 피가 나는 것이다. 서로를 아프게 하고 자신도 아프다는 것을 알게 된 고슴도치는 점점 그 시행착오를 겪으며 서로 피가 나지 않는, 서로를 아프게 하지 않는 거리를 유지하며 걷게 되었고 어느 순간 적당한 거리에서 서로의 체

온을 나누고 있었다.

　나는 그 고슴도치가 서로를 안고 있는 그 정도를 '그리움의 간격'이라고 하고 싶다. 서로를 찔러 상처를 주고 피를 흘리게 하지 말고 껴안아서 따뜻함은 유지하되 너무 다가가서 치대고 상대방을 지치거나 괴롭게 하지는 말아야 한다는 이야기다. 우리는 사랑할수록 다가가야 한다고 생각하고, 누군가가 나를 절대 꼼짝도 못하도록 붙들고 있을 때 잠시 동안 그것이 사랑이라고 느끼기도 한다. 근원적으로 사랑에 대한 결핍을 가지고 있으며, 누군가와 함께 있어도 외로움을 느끼는 인간이라는 존재에게 '다가섬'과 '함께 있음'은 곧 '사랑'과 이퀄(=)이 되는 의미이기도 하기 때문이다.

　하지만 무조건적인 다가섬, 서로를 향한 돌진은 항상 득보다는 실을 더 많이 가져다준다. 나는 상대방을 사랑하기 때문에 결코 그를 아프게 하거나 찌르고 싶은 생각이 없다. 그런데 상대방이 나로 인한 아픔을 호소한다면 나는 '결코 그럴 의도가 아니었다'고 호소할 테고 그런 내 마음이 제대로 전달되지 않을 때는 속이 상하고 서로에게 더 큰 상처만 남기고 만다. 서로를 아프게 하면서까지 세상에서 가장 가까운 거리에서 서로를 끌어안고 있는 것이 결코 '가장 사랑하는 행위'라고 말할 수는 없을 것 같다. 그것은 커다란 의미에서 사랑일지는 모르겠지만 성숙한 사랑이 아님은 분명하다. 남녀 간의 사랑이 아닌 다른 사랑의 의미에서도 이는 마찬가지다.

나는 남편을 사랑했고, 남편과 결혼하는 순간 '내 소유가 되었다'고 느꼈다. 솔직히 그랬다. 그랬기 때문에 시어머니가 남편의 삶에서 전혀 발을 빼지 않는다는 사실이 참을 수 없을 만큼 힘겨웠다. 내 아들을 낳아준 어머니이고 나에겐 시어머니이며 하나의 가족이 되었으니 마음에 들지 않는 그녀를 받아들여야 한다는 사실 자체가 고통이었다. 나는 그럴수록 더욱 밀착해 남편을 조종하려 들었고, 그녀의 말보다는 내 말이 훨씬 더 영향력 있도록 하기 위해 갖은 노력을 기울였다. 그것이 모두 헛된 노력이었다고 말하기에는 나의 순수했던 마음이 너무 짓밟히는 것 같아 차마 그렇게 표현은 할 수 없지만, 그 노력이 가져다준 결과는 그리고 좋은 것이 아니었다. 어머니는 나와 마찬가지로 내 남자에게 전혀 거리를 두려 하지 않고 내가 그러면 그럴수록 더 가까이 다가왔기 때문이다. 결국 우리 두 여자는 남편을 찌르고 나도 찌르며 서로를 꽉 부둥켜안고 끊임없이 피를 흘리고 있어야 했다.

너무나 사랑하는 아들을 둔 내가 아들과 분리가 되는 순간부터 그와 적당한 그리움의 간격을 둘 수 있을지 모르겠다. 성숙한 이별을 위한 유예 기간이 지나서도 나는 그의 삶에 치대며 그를 찌르고 나도 찔림을 당할지 모르겠다. 하지만 이 그리움의 간격을 빨리 깨닫고 적당한 거리를 찾을수록 아픔의 시간은 점점 줄어들고 그만큼 행복의 시간은 늘어난다. 나는 나의 시어머니가 이제서가 아니라 조금 더 일찍 그랬다면 내 남자를 조금은 덜 아프게 하지 않았을까 하는 생각도 많이 했다. 물론, 시어머니가 먼저 그랬어야 한다는 이야기를 하는 것은 아니다. 누가 됐든,

우리 세 사람은 서로를 적당한 거리에서 그리워하며 아껴주고 사랑했어야 한다는 이야기를 하는 것이다.

그래서 나는 노력한다. 남편도, 아들도 내 소유가 아니라는 것을 받아들이고 모든 관계가 자연스러운 거리 속에서 평화로울 수 있도록 말이다. '거리를 유지하는 일'이란 분명 노력을 요하는 일이다. 아무런 노력도 하지 않고 마음 가는 대로 다가가고, 내 마음이 허락하는 대로 멀어지는 것은 상대방을 아프게 할 뿐이다. 그것은 그래, 당신의 억울한 호소처럼 '사랑이 아닌 것'이 아니라 '서툴고 아픈 사랑'인 것이다.

그 여자가 했던 것에서
플러스(+) 5
― 어머니와 한 발짝 가까워지는 법

　심리학에서 삶은 Became이 아니라 Becoming이다. 즉 이는 삶은 완성된 것이 아니라 '완성되어가는 중'이라는 의미다. 그러니 살아가는 동안 내가 어느 방향으로 가고 있는지 중간 중간 어느 지점에 서서 방점을 찍고 성찰해볼 필요가 있다. 내가 만들어가는 내 인생은 지금 어떤 모습인가? 내가 그토록 미워했던 그 여자의 삶을 반복하고 있지는 않은가? 아니면 그 여자의 삶을 이해하고 인정하며 한 단계 더 성숙한 삶을 살고 있는가?

　스스로 '복이 없는 사람'이라고 여기고 이미 나쁜 방향으로 향해져버린 인생을 한탄하며 살아가는 많은 사람들을 보면서 참 안타깝다는 생각을 한다. 이때 내가 도와줄 수 있는 것은, 삶은 항상 가장 아프다고 생각되는 그 지점에서부터 시작해도 늦지 않다는 말을 해주는 것이다. 불완전하고 아무것도 완성되어 있지 않은 삶을 만들어가는 중이라면 변경도, 수정도, 얼마든지 가능한 일일 테니 말이다. 다만 늦으면 늦을수록, 아니라는 것을 알면서도 외면하고 멀어질수록 그것을 되돌리거나 다시 시작하는 일이 힘들다는 것을, 우리 나이쯤 살아본 사람이라면 누구나 알고 있을 것이다. 이것은 유별난 성찰의 결과가 아니라 이미 알고 있는 것을 이제는 실행할 때가 되었다는 말을 해주려는 것이다.

"나는 그녀가 미웠다. 그래서 적어도 그녀와 같은 삶은 살지 않기 위해서 아들과 거리를 두려고 노력하고, 적당한 사랑을 주고받으며, 아들이 진정한 사랑을 하고 가정을 꾸릴 수 있도록 최대한 도와주려고 한다. 그리고 여전히 나와 가족인 그녀를 미워하기보다 남편을 위해서, 또 나 자신을 위해서 그녀를 더욱 이해하고 안으려고 노력한다."

오랜 상담 끝에 안정뿐 아니라 한층 성숙해진 사고를 갖게 된 한 내담자의 마지막 상담 중에서의 고백이다. 나는 나도 모르게 흘러내리는 감동의 눈물을 훔치며, 그녀와 마지막으로 재미있는 이야기를 나누었다.

"그녀와 가까워지려는 노력은 아주 작은 것에서부터 시작할 수 있을 것 같아요. 우리 다섯 가지만 함께 이야기해볼까요?"

1. 어머니의 젊은 날로 여행가기

남녀가 연애를 할 때 여자는 남자에게 물어본다 "어머니는 어떤 분이셔?" 아마 그때 가장 많이 듣는 대답은 희한하게도 "우리 엄마는 아직도 소녀 같으셔."와 같은 말이다. 자신의 여자친구를 괴롭힐 거라고는 상상도 할 수 없는 마냥 소녀 같고 아직도 여리기만 한 어머니. 그런데 실제로 자신의 삶보다는 가족을 위해 많은 희생을 하며 살아온 어머니에게는, 때때로 못다 이룬 꿈을 꾸거나 예뻤던 자신의 과거로 돌아가 회상하는 일들이 날이 갈수록 자주 일어난다.

우리에게도 지나간 세월들을 추억하고 싶고, 한때는 내가 간절히 이루고 싶었던 일이나 소원들이 분명 있었다. 그 시절의 이야기는 같은 여자이자 아내, 어머니로서의 숙명을 가진 두 여자가 나누기에 충분한 공감을 이루어내는 소재가 될 수 있다. 이렇게 물어보자.

"어머니는 젊을 때 뭐 하고 싶으셨어요?"

또 이런 질문도 괜찮다.

"다시 한 번 꼭 가보고 싶은 추억의 장소는 없으세요?"

어머니의 소녀 시절로 돌아가 어머니가 정말 하고 싶었던 것, 어머니의 꿈, 어머니가 사랑했던 사람들에 대한 이야기, 한 번쯤 돌아가고 싶은 순간이나 장소에 대한 이야기들을 나눠보는 것은 어떨까. 그녀의 이야기에 귀를 기울이고 눈물을 흘리고 웃음을 지으면서, 그렇게 서로를 이해하는 시간을 가진다는 것은 다른 관계에서는 쉽게 만들어질 수 없는 특별한 경험일 테니까.

2. 어머니가 내 남자를 낳던 날, 그리고 내가 어머니가 된 날에 대해 함께 이야기하기

세상 모든 어머니는 자신이 아이를 낳은 일이 얼마나 대단한 것인가에 대해서 누군가에게 이야기하고 싶어 한다. 그리고 항상 자신이 훨씬 더 고통스럽고 어려운 과정을 겪었다는 사실에 대해서 강조하곤 한다. 나 또한 기차에서 떨어진 이후 척추와 머리를 다치고 정상적인 출산을 할 수 있을 거라고는 상상도 하지 못했기에, 둘째를 낳고 나서는 흘러내리는 눈물을 주체할 수가 없었다. 그리고 그때 '고생했다'는 말보다 '난 너보다 더 힘들었다'는 표정으로 날 바라봤던 어머니의 모습도 실은 잊을 수가 없다.

하지만 우리는 알고 있다. 세상의 모든 어머니가 자식을 낳으며 같은 고통을 겪고 아파했고, 그래서 모든 어머니는 위대하다는 것을 말이다. 이제 그런 이야기를 나눠보는 것은 어떨까. 어머니가 내 남자를 낳던 날의 이야기, 그리고 내가 나의 아이를 낳고 어머니가 된 날에 대해서. 그날의 기억은 내 몸이 부서지듯 아픈 날에 대한 기억이기도 하지만, 실은 세상에서 그 무엇과도 바꿀 수 없는 귀한 존재를 얻은 세상에서 가장 기쁜 날에 대한 기억이기도 하니까.

나에게 가장 사랑하는 존재를 낳아준 어머니에 대한 고마움과, 나의 고통을 어루만져주는 어머니의 어른스러움을 느낄 수 있는 좋은 기회가 될 수 있지 않을까.

3. 큰돈 들이지 않고 어머니와 여행하기

성격이 어지간히 좋은 사람이라 하더라도 며느리와 시어머니 관계는 늘 어색하기 마련이다. 그것은 시간이 오래 흐른 후에도 크게 변하지 않는다. 조금 더 편해질 수는 있겠지만 여전히 시어머니는 며느리에게 어려운 존재이기 때문이다.

시어머니와 며느리가 함께 목욕탕에 드나드는 일은 상상할 수 없다 하더라도, 또 혹은 둘이서 너무 거창한 여행을 계획할 수는 없다 하더라도, 큰돈을 들이지 않고 짧은 여행을 단 둘이 다녀오는 계획을 세워보는 것은 참 의미 있는 일이다. 그것은 그토록 어려웠던 두 사람의 관계의 벽을 뛰어넘는, 아주 좋은 계기가 되어줄 수 있기 때문이다. 물론, 이것은 나도 아직 시도해보지 못한 일이지만 조금 더 용기를 내기 위해 많이 노력 중이다.

둘이 있을 때 그 시간 동안 과연 무슨 이야기를 할까? 트러블이 생기지는 않을까? 괜히 이 걱정, 저 걱정만 하다가 돌아오게 되지는 않을까? 돌아와서 오히려 더 사이가 나빠지지는 않을까? 어색한 나머지 무료한 여행의 시간이 되는 건 아닐까?……. 이 모든 걱정은 덜어내자. 의외로 여자 둘이서 나눌 수 있는 이야기와 할 수 있는 것들은 많다. 여행에 너무 많은 의미를 담으려 하지 말고 편안하게 손을 잡고 산책을 하고 좋은 공기를 마시고 서로가 좋아하는 것들을 하나씩만 해볼 수 있는 여행을 가보면 어떨까. 비록 많은 이야기를 나누지 못하고 돌아오고 마는 여행이 되었다 할지라도, 그것은 그 다음 한 걸음을 더 쉽게 하는 중요한 시작점이 되어줄 것이다.

4. 명절날 어머니와 남편 빼고 단 둘이 안방에서 자보기

명절만 되면 어머니와 재회한 남편이 마치 옛 연인을 만나기라도 한 것처럼 한 방에서 잠을 자려고 한다. 뭐, 노골적으로 그러지 않는다 하더라도 그러고 싶어 하는 눈치가 역력하다. 아무리 나이가 든 아들이라 하더라도 오랫동안 만나지 못했다면 그 그리움이야 말로 하기 힘들겠지. 하지만 그것을 받아들이기엔 며느리의 자리는 여전히 어색하기만 하다.

함께 잠을 잔다는 것은 많은 부분들을 오픈하고 또한 받아들인다는 것을 의미한다. 정을 나누고 어색함을 깨는 가장 좋은 방법이기도 하다. 어릴 때 그러지 않았나. 친구들과 하룻밤만 같이 자고 나면 그새 오랫동안 만난 친구처럼 마음을 열고 더욱 친근하게 느껴지고. 어색한 관계일수록 이런 시간은 필요하다. 시어머니가 나를 딸로 여겨주지 않는다는 원망의 세월을 뒤로 하고, 내가 시어머니를 정말 내 어머니처럼 아끼고 보살펴드렸는지에 대해서도 함께하는 그 밤에 생각해볼 수 있다.

남편 없이 단 둘이 안방에 누워 두런두런 이야기를 나누며, 어머니의 고생스러운 세월을 인정하고 나에게 주었던 아픔들을 용서하는 의미에서 그녀의 손을 따듯하게 잡아보는 것도 좋을 것이다. 어차피 함께 가는 게 아닌가. 남은 세월 동안 그녀를 내 남자에게서 떼어놓으려는 노력을 하는 것보다 그녀와 내가 더 가까워지려는 노력을 하는 것이 모두에게 훨씬 더 이득이라는 것을 빨리 깨닫는 게, 행복에 훨씬 더 빨리 다가가는 방법이라는 것을 이제는 받아들이면 좋겠다.

5. 어머니 친구들 만나기

아들을 둔 세상 모든 어머니들이 자신의 아들보다 며느리가 낫다고, 처음부터 딱 받아들이는 경우는 많지 않을 것이다. 어딘가 부족한 것 같고, 그래도 이 정도면 괜찮은 것 같고, 계속 보니 마음에 안 드는 점은 많지만 아들도 흠이 있으니 그래도 좋은 사람 잘 들어왔다 싶다…… 이렇게 느끼면 참 다행이다. 그래도 며느리는 내 식구라 어딜 가면 '우리 며느리 진짜 잘 못 봤다'보다는 '우리 며느리 진짜 잘 봤다'고 이야기하고 다니는 어머니였으면 좋지 않겠는가. 나이가 들수록 친구들끼리 모여 할 수 있는 이야기는 '자식 자랑'밖에 없다고들 하는데, 그것이 정말 하나도 틀린 말이 아니다. 나도 거의 그런 적은 없지만 어머니가 자주 만나는 친구들이나 지인 분들을 함께 만나보는 게 어떤 의미에서는 어머니를 위해 참 좋은 일이라는 생각이 든다. 그때는 다른 사람들 앞에서 훨씬 더 어머니를 극진히 모시고, 다른 사람들에게도 깍듯하게 하는 모습을 보여 어머니 낯을 내어 드리는 것도 좋은 방법이다. '내가 어머니를 위해 그렇게까지 해야 하나?' 이런 생각은 접어두어도 된다. 그렇게 한 이후 가장 많은 득을 보는 것은 바로 나 자신이 될 테니까. 시어머니라 나를 더욱 '좋은 며느리'로 인정하게 되는 것을 떠나, 내 마음속에서 올라오는 용서와 관용의 마음들을 체험하는 것은 더욱 가슴 벅찬 일이 될 것이다. 이것이야말로 경험해보지 않은 사람은 모.른.다.

이 외에도 두 사람만이 담긴 다정한 사진 찍기, 일주일에 한 번은 사랑한다고 말하기…… 등 할 수 있는 많은 것들이 있을 것이다. 이런 이야기들을 늘어놓으면 많은 이들이 "정말 어렵다"고 이야기한다. 맞다, 정말 어렵다. 나는 이 글을 써내려가면서도 손발이 오그라들기도 하고 어머니가 내게 했던 일들을 떠올리며 '난 절대 못해' 하고 속으로 말을 내뱉기도 했다.

 하지만 우리가 이 천륜을 어기고 갈 수 없고, 아까도 말했듯 멀어지려는 노력보다 가까워지려는 노력에 남은 인생을 투여할 수 있다면…… 훨씬 더, 우리가 상상도 할 수 없을 만큼 풍요로운 삶을 살 수 있게 된다는 것은 확신할 수 있다.

 그래서 나도 저 중 하나라도 먼저 실천해보려 한다. 내가 얼마나 그 일에 서투를지 모르겠지만, 그런 나를 보며 내 남자가 얼마나 날 사랑스러워하고 나에게 고마워하며 자신이 선택한 삶을 행복해할지, 그것은 당신의 상상에 맡기겠다.

셋이서
행복을 말하다

― 다른 누구도 아닌 나에게 행복을 가져다주는 법

결혼을 하고 나면 내가 그토록 사랑했던 남자가 내가 생각했던 것보다 형편없는 사람이라는 것을 알게 된다. 그리고 그럴 때마다 후회와 인내의 눈물로 베개를 적실 때도 있다. 잦은 싸움을 통해 서로를 알아가고 맞춰가는 과정에서 수없이 많은 상처로 서로가 꿈꿔왔던 결혼생활을 안타까운 그림으로 일그러뜨리기도 한다. 오랜 시간 동안 서로 다른 모습으로 살아오던 두 사람이 고작 몇 년 동안(짧게는 몇 달 동안) 나눈 추억으로 어떻게 서로를 다 안다고 말할 수 있을까.

하지만 우리는 사랑에 빠져 있는 동안 '서로를 잘 알기 때문에' 결혼한다기보다 '서로를 사랑하니까 모두 이해할 수 있을 것 같아서' 결혼을 선택하게 된다. 하지만 막상 결혼을 하게 되면 상황은 바뀌고 이런 생각들이 올라온다.

'우리가 정말 사랑한 게 맞을까?'
'내가 그를, 혹은 그녀를 제대로 안 것이 맞을까?'

'앞으로 이런 점들을 이해하며 살아갈 수 있을까?'
'사랑하니까 변할 수 있다는 말들은 사실인 걸까?'
'사랑이 이해하고 받아들이는 거라면, 대체 그 이해의 폭은 얼마나 되어야 할까?'

결혼을 하기 전에 눈을 뜨고 결혼을 하고 나면 눈을 감으라고, 나의 신신당부에도 아랑곳 않고 결혼에 골인부터 해버리는 젊은 부부들을 보면서 어차피 그렇게 되었다면 지금부터라도 눈을 아예 감아버리라고 이야기한다. 결혼생활이 식탁에서, 침대에서, 둘만 나누는 알콩달콩한 속삭임만이 아니라는 것을 알게 될 때엔 큰 실망감으로 우울해 하거나 절망감에 빠지기 십상이기 때문이다.

그렇게 두 사람이 만나 서로를 맞추어가는 것만 해도 너무나 힘든데, 이런 우리에게 또 하나의 복병이 나타난다. 바로 내 남자의 그녀, 시어머니다. '그녀는 대체 누구인가?'
남편보다 더 어려운 그녀는 사사건건 내 결혼생활에 개입해서 나를 괴롭힌다. 나는 그녀를 어떻게 극복해야 할 것인가. 내 남자를 조종하려 들거나, 내 남자와 뒤에서 나 몰래 비밀을 공유하려 들거나, 나를 더욱 이방인처럼 만들어버리는, 나보다 더 내 남자를 많이 알고 그의 사랑을 더 많이 차지하고 있는 그녀를.
보통 이 관계의 문제는 내 남자와의 문제와는 달라서 셋이 함께 삼각

관계에 얽히면서 더욱 심각해지기 일쑤다. 분명 어느 부분부터 얽힌 고리를 풀어나가야 하는데 그러려고 할 때마다 꺾이는 자존심과 무너지는 자존감. 왜 내가 내 남자를 위해 이렇게까지 해야 하는 걸까, 이에 대한 고민은 시어머니를 어머니로 받아들이는 단순한 문제를 넘어 커다란 고통을 가져다준다.

더욱이 셋의 관계 속에서 남편의 태도는 감당하기 힘든 문제로 불거진다. 둘 사이에 좋지 않은 기류가 느껴질 때 그는 바람과 함께 사라져 버리거나, 막다른 골목에선 나를 달래기보다는 그녀를 이해해야 한다는 쪽으로 결론을 내버릴 때가 더 많다. 나는 사랑받지 못한다는 생각과 함께 왜 그녀를 놓지 못하고 어디서 무얼 하든 그녀 생각을 먼저 해야 하는지에 대한 원망과 불만이 쌓여간다.

그렇다면 우리는 영원히 이 지난한 싸움을 하며 풀리지 않는 삼각관계 속에서 고통을 받아야 하는 걸까? 나와 내 남자, 그리고 내 남자의 어머니. 우리 세 사람은 이렇게 될 수밖에 없는 숙명적인 관계인 걸까? 만약 내가 어떤 노력을 통해서든 이 관계를 풀고 싶다면 가장 먼저 무엇을 해야 하는가?

어떤 인간관계에서든 그 관계를 가장 감동적으로 만들어주는 순간은 바로 용서의 순간이다. 하지만 그 용서는 '내가 더 나으니 너를 이해하겠다'는 자만심이나 '정말 못하겠지만 참고 이해하려 한다'는 인내심으로 되는 것이 아니다. 설사 그렇게 된다 하더라도 그것은 오래 가지 못한다. 진정한 용서와 관용, 이해의 시작은 바로 '아는 것'에서부터 시작된다.

내 남자는 누구인가? 그는 어떤 사람인가? 그는 어떤 부모님 밑에서 어떤 환경 속에서 자라나 어떤 상처를 가지고 있으며 어떤 약점과 장점을 가지고 있는 사람인가? 그리고 내 남자의 그녀는 또 누구인가? 그녀의 젊은 시절은 어땠으며 남편으로부터 충분한 사랑을 받았는지, 어떤 상처가 있는지…… 그래서 아들에 대한 사랑과 집착의 정도는 어떠하며 왜 그렇게 될 수밖에 없었는지.

이것을 알게 되면 지금 나에게 고통을 주고 있는 그들의 행동이 이해되기 시작한다. 모든 것이 일순간의 감정에 의해서 일어나는 것이 아니라는 것을 말이다. 또 의도적으로 나를 골탕 먹이거나 고통을 주기 위해서 계획된 일이 아니라는 것을. 그리고 그래서 결국 내가 '결혼을 잘못한' 것은 아니라는 것을. 다른 선택을 했다 해도 크게 달라질 것이 없으리란 것을 이제는 알 테니 말이다.

이렇게 '아는 것'은 심리학에서 볼 때 첫 걸음으로 '인정하고 받아들임'으로서 성숙한 방향으로 나아갈 수 있는 긍정적인 첫걸음이 된다. 그런데 나는 여기에서 가장 중요한 것 한 가지를 이야기하고 마무리하려고 한다. 내 남자와 그의 어머니, 두 사람의 관계는 내가 어떤 노력을 해도 끊어놓을 수 없는 천륜이라는 사실. 그리고 그것을 받아들여야 하는 나 자신에 대해서 말이다. 그 둘만의 스토리, 그 둘만의 역사 속에 이방인으로 들어온 나는 누구인가? 과연 나는 나에 대해 얼마나 알고 있는가, 하는 거다.

　이것은 사실 결혼을 하기 전에 이미 알았어야 했다. 나는 어떤 사람인지, 나는 어떤 상처와 트라우마를 가지고 있으며 그것이 어느 때에 가장 취약점으로 나타나는지 그래서 어떻게 그것을 바꾸어나가야 할 것인지……. 아무것도 모르는 채로 하는 결혼은 이 모든 것을 알고 할 때보다 훨씬 더 힘들어진다는 걸 이제는 깨달았으리라 믿는다.

　아직 결혼을 하지 않았다면 눈을 떠라. 그리고 나와 내 남자가 될지도 모르는 그 남자와 그의 어머니를 똑바로 보라. 그래서 나는 누구인가라는 자문에 스스로 분석하고 그렇게 분석되어 알게 된 내가 저 남자와 그녀를 받아들일 수 있겠는가에 답을 하라. 나중에 사기 결혼이라고 울부짖지 말고, 그들의 삶과 내 삶을 버무려 한데 있게 하고 서로의 상처를 보듬어주며 또 하나의 천륜을 맺어 역사를 만들어갈 수 있을지.
　'충분히 사랑하고 있으므로'가 아니라 '충분히 알고' 결심했다면, 그런 다음엔 눈을 감아라. 그리고 이제 함께 가는 거다. 삶은 어차피 용서와 이해의 감격으로 메워지는, 때때로 막장이지만 그래도 결론이 있고, 미완성이지만 그 나름의 재미가 있는 것 아니던가. 지금 한껏 두려워하고 있는 여자들에게, 또 이미 발을 들여놓아 아파하고 있는 여자들에게 나는 감히 용기를 주고 싶다.
　또한 내 남자를 조금만 더 안아주라고, 지금도 잘하고 있지만 그들을 조금만 더 안아주라고 말해주고 싶다. 마지막으로 당부하고 싶다. 언젠가 내가 될지도 모를 그녀를 이해하라고. 거부하고 떼어내기보다 받아들이고 안아버린다면 훨씬 더 커다란 사랑이 내 삶에 찾아와 있을 거라고 말이다.

어떤 인간관계에서든 그 관계를 가장 감동적으로 만들어주는 순간은 바로 용서의 순간이다. 하지만 그 용서는 '내가 더 나으니 너를 이해하겠다'는 자만심이나 '정말 못하겠지만 참고 이해하려 한다'는 인내심으로 되는 것이 아니다. 설사 그렇게 된다 하더라도 그것은 오래 가지 못한다. 진정한 용서와 관용, 이해의 시작은 바로 '아는 것'에서부터 시작된다.

사랑하는 나의 아내 영아에게……

오늘 아침 출근해보니 난에 꽃이 폈어.
추운 겨울을 견디고 봄이 오니 아름다운 꽃을 피우네.
자연은 정직한가봐.
작은 꽃에서 향기가 나고
그 꽃을 보는 모든 이들에게 작지만 기쁨을 주네.

여보,
내가 당신을 힘들게 많이 했는데
잘 참고 견뎌줘서 고마워.

시집와서 낯선 환경을 힘들게 견디며
애들 둘 잘 키우며 집안 이끌어준 것, 말로 표현하진 않았지만 고마워.
늘 고마운 생각, 하고 있어.

고생 끝에 낙이 온다는 말처럼
우리에게 내일은 맑음일 거야.

오늘도 어제처럼
열심히 살아가는 모습 기대할게.
사랑해, 여보.

Epilogue

결국 셋일 수밖에 없는
그들이
하나가 되는 법

비가 온다.
내게는 비가 참 반가운 자연 현상이다.
자주 흥얼거리는 '찬비'에서 요즘 '비가 오는 날엔'으로 이어지는 곡들이 그렇기도 하거니와 비에 관한 노래를 들을라치면 가만히 눈물이 먼저 올라오는 것은 내 맘의 정서와 맞닿은 부분이 있어서일 게다.

한창 일에 바쁜 엄마는 좁은 대청마루에 엎디어 책을 읽고 그림을 그리던 어린 내게 누군가와 나누어 가져야 하는 존재였던 듯하다. 동네 아주머니들이 옹기종기 모여 하얗고 북실북실한 실로 스웨터를 짜는 동안 엄마는 그들에게 꽈배기며 마름모 모양을 만드는 요령을 가르쳐주고 독려하는 역할을 했었다. 그렇게 짠 스웨터가 한 벌 한 벌 옷의 형태를 갖추면 한옆에 쌓아올렸는데 내 기억에 그 공간이 그렇게 아늑하고 따사로울 수가 없었다. 때론 그 사이를 비집고 들어가 좁은 공간을 마련해놓고 잠이 들기도 했으니까. 그렇게 하기 가장 좋았던 날이 아마도 비가 오는 날이 아니었을까 한다. 비오는 날! 약간 스산한 기운 감도는 그때. 스웨터 더미 안에 굴을 파고 들어가 나는 그 빗소리에 나를 맡기고 어린 외로움과 진한 그리움으로 나의 시간을 쌓아갔다.

삶을 살아가다 만나는 고된 아픔들이 나를 벼랑 끝으로 몰 때도 야물딱지게 버텨내며 한고비 고비를 훑어가다가도 어지없이 무너져 널부러지는 경우가 있다. 비가 오는 날이다. 20~30대 초반에는 더했다. 속절없이 방황했고, 이유 없이 아팠고, 훌쩍 서울을 떠나 공지천서, 강릉 앞바다서 목 놓아 울었었다. 서러움이 빗줄기를 타고 지천으로 눈물을 뿌리게 했다. 그런 방황이 가늠됐던 것은 나만을 바라보는 눈망울들이 내 아픔에 동일시되어 아파했기 때문이다. 나를, 따듯한 엄마로서 자신들을 담아주기를 간절히 바라는 그 어린 녀석들이 있어서였다.

어미로서, 완전할 수는 없지만, 충분히 노력은 할 수 있는 괜찮은 나로 아이들에게 내가 했던 가장 최선은 내 대에서 끊어야 할 것을 끊어주는 거였다. 내 삶을 마구 휘둘렀던 난폭한 괴물인 감정들로부터 놓여나기를 시도했었다. 부단히 애썼다. 비가 오는 날에 함께 길을 걷다가 예쁜 찻집에 들러 핫쵸코를 나누어 마시고, 크게 음악을 틀어놓고 강변을 달리며 노래 하나하나에 얽힌 사연과 가사를 설명해주고, 집으로 돌아와서는 김치를 송송 썰어 부침개를 부쳐 먹어가며 비오는 날의 따뜻한 정서를 나누어 가지기 시작했다. 까만 하늘을 안고 내리는 빗소리에 내 마음의 어두운 터널, 골방과도 같았던 그곳으로 기어들어가던 나는 어느새 치유를 향해 내 아이들과 손 맞잡고 나아오고 있었다. 그리고 우리를 힘들게 했던 그 감정들의 속성을 알고 다스리기 시작하면서 이제는 내 아이들에게 물려줄 정서적 유산으로서 다듬기를 할 만큼 나는 성장 중이다.

오늘도 비가 온다.
아주 찰지게 내리는 이 비는 봄을 재촉할 것이다. 가만히 창문을 열고 빗소리를 음미하며 유년의 나를 불러와 위로해주고 폭풍과도 같았던 젊은 날을 어루만져주며 한층 여유로운 지금, 여기를 들여다보고 있다. 그러면서 조심스레 평화로운 내 아이들의 얼굴을 들여다본다. 여기까지가 그렇게 어려웠던 걸까. 아니지. 그나마 여기까지 온 것을 감사해야지.

그래, 비가 오는 날엔 우리 식탁에 둘러 앉아 웃었던 그날을 기억하자. 그 따스한 유년의 기억들로 때론 혹독한 현실을 이길 힘을 끌어오자. 회피하고 골방으로 기어들어가기보다 온기를 퍼 올려 달라고, 나누어 달라고 어미의 젖가슴처럼 안온한 식탁으로 모이자. 그렇게 모인 날! 우리 함께 찬란한 웃음으로 만찬을 하자.

치유심리학자 김영아

심리학과 교수이자 결혼 23년차.

두 아이의 엄마, 한 남자의 아내, 그리고 며느리.

한 살, 지독한 감기로 코의 연골이 모두 쏟아지며 안면기형 판정을 받았다. 열두 살, 달리는 기차에서 떨어지는 사고로 머리를 수십 바늘 꿰매고 척추 수술을 받았다. 모두 불가능이라 했지만 스물셋이라는 나이에 결혼, 시부모님을 모시고 결혼생활을 하며 딸과 아들을 낳았다.

이 책은 그녀가 두 아이의 엄마로, 한 여자의 며느리로, 한 남자의 아내로 그리고 그 이전에 오롯한 '나'로 살아가며 그 속에서 깨닫고 느낀 바를 풀어낸 것이다. 특히 결혼을 통해 새 가족이 된 남편과 시어머니, 그리고 그녀를 시어머니로 만들 아들과의 관계에 초점을 맞춰 담았다. 20여 년 동안 직접 온몸으로 부딪혀 겪은 것들, 인간의 심리에 대해 공부하며 안 것들, 그리고 많은 내담자들을 상담하며 깨달은 것들을 오롯이 이 한 권의 책에 녹여냈다.

이화여자대학에서 국문학을 전공하고 상담심리학으로 석, 박사 과정을 밟았다. 특히 '독서치유'와 관련한 그의 논문은 센세이션을 일으키며, 많은 대학과 대학원에서 극찬을 받으며 강의를 진행하기도 했다.

　십대와 학부모, 성인들을 아우르며 상담을 진행하고 있다. 한겨레 문화센터에서 〈독서로 치유하는 내 안의 그림자〉 인문학강의, SBS 라디오 〈유영미의 마음은 언제나 청춘〉 고정 게스트 등 수십 개의 특별 강좌 및 초청 강의를 진행하고 있다. 행복한 독서치유학교 교장, 이화여대 평생교육원 독서치료 지도교수, 영남 사이버대학교 논술지도학과 겸임교수이며 한세대학교에서 현대종교심리학을 강의하고 있다. 저서로는 《아픈 영혼, 책을 만나다》, 《십대라는 이름의 외계인》, 《괜찮아, 아직 청춘이잖아》 등이 있다.

멈추면, 비로소 보이는 것들
혜민 지음 | 이영철 그림 | 14,000원

관계에 대해, 사랑에 대해, 인생과 희망에 대해… '영혼의 멘토, 청춘의 도반' 혜민 스님의 마음 매뉴얼! 하버드 재학 중 출가하여 승려이자 미국 대학교수라는 특별한 인생을 사는 혜민 스님. 수십만 트위터리안들이 먼저 읽고 감동한 혜민 스님의 인생 잠언! (추천 : 쫓기는 듯한 삶에 지친 이들에게 위안과 격려를 주는 책)

나는 아내와의 결혼을 후회한다
김정운 지음 | 13,000원

성공을 향해 달음질쳐보아도 왠지 행복과는 점점 거리가 멀어지는 듯하고, 위로받고 싶지만 딱히 누군가에게 하소연할 수도 없는, 이 땅의 남자들을 위한 통쾌한 처방전이다. 통렬한 입담에 박장대소하다 보면, 소박한 공감과 위로를 발견할 수 있다. (추천 : 의무와 책임만 있고 재미는 잃어버린, 이 시대 남자들을 위한 심리에세이)

나의 치유는 너다
김재진 지음 | 14,000원

"좋은 일에도, 나쁜 일에도, 칭찬에도, 비난에도 더 이상 흔들리지 않는 당신을 위한 선물!" 세월, 고통, 사랑, 용서 네 가지 주제로 이루어진 인생수업에 우리를 초대하는 이 책은 행복하길 원하면서도 실제로는 행복에 가치를 두지 못하고 있는 이들에게 보내는 위로와 배려의 메시지로 가득하다.

도대체, 사랑
곽금주 지음 | 14,000원

사랑을 하면 아프지 않을까? 왜 누굴 만나도 외로울까? 사랑에 대한 복잡하고 어려운 질문들을 따뜻하고 지혜로운 시선으로 풀어낸, 최고 심리학자 곽금주 교수의 첫 번째 사랑 에세이. 장르를 넘나드는 작품들, 흥미로운 사례를 중심으로 읽는 재미와 깊은 깨달음을 준다.

남자는 나쁘다
브렌다 쇼샤나 지음 | 정지현 옮김 | 14,000원

모든 남자의 마음엔 '나쁜 소년'이 살고 있다! 세계적인 치유 심리학자인 저자가 실제 상담사례를 바탕으로 남자들의 본능과 습성을 아찔할 만큼 적나라하게 파헤친 책. 안전한 남자를 원하는 여자들을 위한 리얼한 충고가 담겨 있다. (추천 : 새롭게 사랑을 시작하려는 여성이나 사랑의 상처 때문에 사랑하지 않으리라 결심한 여성들을 위한 책)

함께 보면 좋은 책들

인생학교 시리즈
알랭 드 보통 외 지음 | 정미나 외 옮김 | 각 권 12,000원

알랭 드 보통이 영국 런던에서 문을 연 '인생학교'는 삶의 의미와 살아가는 기술에 대해 강연과 토론, 멘토링, 커뮤니티 서비스 등을 제공하는 글로벌 프로젝트다. 이 책은 '인생학교' 최고의 강의 6편을 책으로 엮은 시리즈다. 일, 돈, 사랑, 정신, 세상, 시간 등 6가지 인생 키워드에 대해 근원적인 탐구와 철학적 사유를 제안한다.

가끔은 제정신
허태균 지음 | 14,000원

우리가 무엇을 착각하는지 알면 세상을 알 수 있다! '착각' 연구 대한민국 대표 심리학자 허태균 교수가 선사하는 우리 '머릿속 이야기.' 이 책은 심리학적 이론을 토대로 '착각의 메커니즘'을 유쾌하게, 명쾌하게 때로는 뜨끔하게 그려낸다. (추천 : 타인의 속내를 이해하려는 사람이나, 중요한 의사결정을 내려야 하는 리더들에게 꼭 필요한 책)

나는 다만, 조금 느릴 뿐이다
강세형 지음 | 14,000원

안 아픈 척, 안 힘든 척, 다 괜찮은 척… 세상의 속도에 맞추기 위해, 그렇게 어른처럼 보이기 위해 달려온 당신에게 보내는 담담한 위로와 희망. 나는 왜 이렇게 평범한 걸까, 나는 왜 이렇게 어중간한 걸까 생각해본 적 있다면, 설렘보다 걱정이 앞선다면, 이 책이 반가움과 작은 희망이 되어줄 것이다.

시 읽기 좋은 날 : 그날, 그 詩가 내 가슴으로 들어왔다!
김경민 지음 | 14,000원

교과서 속에서 뽑아낸 50편의 주옥같은 시, 삶과 사랑, 세상에 비추어 써내려간 잔잔하고도 감동적인 에세이. 어른이 되어 다시 만난 명시들을 통해 그동안 느끼지 못했던 시 읽기의 즐거움과 삶에 대한 통찰을 느낄 수 있다. (추천 : 누군가가 말없이 그리울 때, 삶의 고단함에 지쳤을 때, 마음에 따뜻한 위로를 안겨주는 책)

젊은 날의 책 읽기
김경민 지음 | 14,000원

스테디셀러 《시 읽기 좋은 날》의 저자가 풀어놓는 또 하나의 감동적 에세이! 이 책은 우리의 인생에 파고들어 순간순간 감동을, 지혜를, 웃음을 선사했던 36권의 책에 대한 이야기다. 흑백영화처럼 스치는 사진과 함께 펼쳐지는 책 속의 문장들은, 이미 우리가 접했던 책이라 할지라도 미처 발견하지 못한 새로운 감동으로 다가온다.

내

남자의

그 여자